自品牌

社交媒体时代如何打造个人品牌

[美] 丹・斯柯伯尔（Dan Schawbel）著　佘卓桓 译

Promote Yourself

CNS PUBLISHING & MEDIA
湖南文艺出版社
HUNAN LITERATURE AND ART PUBLISHING HOUSE
博集天卷
CS-BOOKY

图书在版编目（CIP）数据

自品牌 /（美）斯柯伯尔（Schawbel，D.）著；佘卓桓译 . — 长沙：湖南文艺出版社，2016.1
书名原文：Promote Yourself
ISBN 978-7-5404-7386-0

Ⅰ. ①自… Ⅱ. ①斯… ②佘… Ⅲ. ①成功心理 – 通俗读物 Ⅳ. ① B848.4–49

中国版本图书馆 CIP 数据核字（2015）第 286438 号

著作权合同登记号：图字 18–2015–160

© 中南博集天卷文化传媒有限公司。本书版权受法律保护。未经权利人许可，任何人不得以任何方式使用本书包括正文、插图、封面、版式等任何部分内容，违者将受到法律制裁。

上架建议：励志 · 自我管理

PROMOTE YOURSELF. Copyright © 2013 by Dan Schawbel. Foreword © 2013 by Marcus Buckingham. All rights reserved. Printed in the United States of America. For information address St. Martin's Press, 175 Fifth Avenue, New York, N.Y. 10010.
www.stmartins.com
PROMOTE YOURSELF: The New Rules for Career Success
Text Copyright © 2013 by Dan Schawbel
Foreword Copyright © 2013 by Marcus Buckingham
Published by arrangement with St.Martin's Press, LLC. All rights reserved.

自品牌

作　　者：[美] 丹 · 斯柯伯尔（Dan Schawbel）
译　　者：佘卓桓
出 版 人：刘清华
责任编辑：薛　健　刘诗哲
监　　制：蔡明菲　潘　良
特约策划：李　荡
特约编辑：温雅卿
版权支持：文赛峰
封面设计：主语设计
版式设计：范东亚
出版发行：湖南文艺出版社
（长沙市雨花区东二环一段 508 号　邮编：410014）
网　　址：www.hnwy.net
印　　刷：北京天宇万达印刷有限公司
经　　销：新华书店
开　　本：880mm × 1230mm　1/32
字　　数：167 千字
印　　张：7.25
版　　次：2016 年 1 月第 1 版
印　　次：2016 年 1 月第 1 次印刷
书　　号：ISBN 978-7-5404-7386-0
定　　价：39.80 元

质量监督电话：010–59096394
团购电话：010–59320018

本书所获赞誉

斯柯伯尔的书是所有想在工作上获得成功的创新者的制胜法宝。它展现了可以帮你转变为未来领导者的技能和策略。

——史蒂芬·柯维

《高效能人士的 7 个习惯》作者

这本令人瞩目的著作里，斯柯伯尔给了你管理自己的职业生涯和获得事业成功所需的所有资源、建议和灵感。

——杰克·坎菲尔德

《心灵鸡汤》《成功的原则》编者

《快公司》杂志的一篇文章《自品牌》改变了丹的生活。如果你读了丹的书，我保证它将改变你的生活。

——艾伦·M. 韦伯

《快公司》杂志共同创办人

《自品牌》包含大量很棒的、有价值的、有用的信息帮助你取得进步，我很不好意思地承认我从中学到了很多。这本书适合每一个刚毕业的学生，也适合那些想要将自己的职业生涯提升到了不起的新高度的人。

——凯特·怀特

《大都会》杂志前主编

《自品牌》正是我刚步入职场就想拥有的书。它将帮你提高你的技能，学会与不同的工作伙伴相处，在你的公司需要的时候变成领导者。

——道格·科南特

金宝汤公司前 CEO，“科南特领导力”创始人，《触点》作者

专业人才需要通过经历各种企业不断获得可转移的技能和经验，以及随之形成的人脉网来站稳脚跟。《自品牌》为Y世代建立和强化自己的个人品牌提供了明智的方式。

——凯茜·本科
德勤会计师行副主席，
《大规模职业定制：使职场与现在非传统的工作团队保持一致》作者

这也许是一个誓要成功的年轻人必须阅读的最后一本书。丹将成功概念化为一个行动计划。你将学到的是，你需要的所有东西是你已经拥有的，或者是已经接近的，剩下的就是开发这些资源，通过完成令世界瞩目的事使自己变成成功人士。

——梅尔·齐格勒
“香蕉共和国”创始人，《狂野公司》作者

《自品牌》绝对是我读过的对于千禧世代来说最好的书。丹·斯柯伯尔提供了在新职场成功所需要的清晰的认识、具有说服力的事实、引人注目的例子和有用的小窍门。《自品牌》的创作直接来源于他的个人实践经历。

——吉姆·库泽斯
《领导力》合著者，
美国圣克拉拉大学列维商学院领导力中心院长特聘教授

斯柯伯尔将帮你轻松应对新工作，给予你所需的全部工具，帮助你在工作中脱颖而出，让你比同事进步更快！

——芭芭拉·科科伦
科科伦集团创始人，
美国广播公司《创智赢家》栏目的投资人和主持人，《鲨鱼黑帮》作者

致敬

这本书献给一如既往支持我的父母。无论在最好还是最糟的时光里，他们始终相信我。在遭遇挫折时，他们对我心怀信念，让我能够抬头挺胸，以积极的态度去应对一切。有这样的父母我感到无比幸运。因为他们，我可以更轻松地实现梦想。他们给我最好的建议，就是不要对生活过于严苛，也不要对自己过于严苛，不要被任何事情击垮。这本书献给他们，若没有他们多年来的支持与帮助，我不会有今日的成就。

目 录
CONTENTS

前言

改变无处不在。相较于前辈而言，我们能更敏锐地感知改变所带来的压力。在这样一个充满变革的时代，这点尤为明显。科技发展让世界变小了——人与企业的联系方式变得更紧密。经济泡沫或经济衰退让企业不断地做出调整，以求适应这样的现实。工作的种类越来越多，很多先前有用的技能正以前所未有的速度变得过时。

85 后员工将会主宰未来的职场，但他们同时也进入了一个前所未有的困难时期。虽然他们常被认为是具有开创性的一代，一副我们能够改变世界的形象，但他们其实很多时候容易陷入困境。

85 后更习惯得到即时反馈。他们不像过去的员工那样，熬到年度评估，而是想每周或是每天都得到上级的反馈，还希望及时收获上司的鼓励和夸赞。据特伦德拉调查机构在 2012 年的一份报告，将近 40% 的 85 后认为，他们每隔两年就该得到一次提拔。更让人震惊的一个统计数据是：只有 9% 的 85 后认为，提拔是需要以自身表现作为基础的。

他们有这样的想法是很正常的。上一辈员工进入职场，在某家企业工作，就梦想着能干到退休。现在，年轻员工在进入职场时就知道自己一生至少要从事六七份不同的工作。在接受调查的年轻员工里，超过六成的人认为：现在的工作不过是事业前进道路上的一个跳板。

鉴于这样的事实，对每个人来说，最重要的能力就是挖掘自身独特且可以迁移的能力。我的研究涉及数百家企业与数百万人，研究结果显示，优秀的员工在绝大多数时候都会专注于自身的优势。可惜的是，85 后员工常常显得自命不凡，展现出一种漠视自身优势的倾向。在被问到他们会选择通过改正缺点还是通过拓展优势去获得职场成功时，竟然有超过 73% 的 85 后受访者选择改正缺点。而在对所有世代员工进行的调查里，只有 55% 的受访者做出了这样的选择。

那么，这对置身于职场的 85 后员工意味着什么呢？这意味着他们需要学会如何增强自己的优势。要想在职场里大展拳脚，你需要了解自己，知道自己最大的优势在哪里，知道如何去让自己变得与众不同。当你的工作在未来发生变化，科技发展让当下的技能失去意义，你的优势依然能够成为优势。你的优势是在策略思维吗？竞争精神？同理心？号召力？无论科技与社会发生怎样的变化，这些内在能力都会伴随着你，可以在任何环境下增添你的价值。

在接下来的章节里，丹将会引领你们找寻自身的优势与独特性，打造你们的自品牌。他会向你们展示如何将自身独特的优势传播出去，让你变得无可取代。随着你在职场不断地发展，你的自品牌是你通往成功的关键。打造最好版本的自己——让所有人都为你的价值惊叹不已吧！

——马库斯·白金汉

《纽约时报》畅销书作家，著有《现在，发现你的职业优势》

引　言

“盒子内思维”（惯性思维）

如果你习惯于“盒子外思维”（非惯性思维），也许只是因为这个盒子需要修理。

——马尔科姆·格拉德威尔

杰森是一名普通的二十来岁的大学毕业生，他正努力在公司推进最新的项目。与很多同龄人一样，杰森非常擅长“多任务”作业。在工作的时候，他会戴上耳塞，听着智能手机播放的音乐，给朋友们发信息或是与他们聊天（其中一些“朋友”只离他几个隔间），更新脸书（Facebook）的状态。杰森已经为老板工作了一年，他的耐心似乎有点耗尽了，他等待着经理出差回来，向她提出在家工作以及晋升等请求。他想自己如果得不到提拔，就辞职不干了。

若在五六年前，杰森想获得提拔的愿望可能会实现。那时的经济形势还不错，失业率相对较低，刚毕业的大学生能立即上岗。即便无法马上找到工作，也至少能得到一个带薪的实习机会。在当前如此严峻的经济形势下，数百万人失去了工作，经济形势可能在短期内不会出现大的好转。

一个最大的问题就是，大学在以前所未有的速度给毕业生颁发毕业证，同时在培养毕业生就业方面并没有做足功夫。现在出现的上百种工作都是五年前根本不存在的，大学却依然按照原先的工作需求对学生进行培养。

这就是我们面临的窘境：萎靡不振的经济形势让很多人都不敢辞职。即便在最好的经济形势下，创业也不是一件容易的事情。好消息是，在不需要辞职与自立门户的情况下，你依然还有很多方式可以把控自己的事业。很多公司想办法从企业内部寻找发展的活力。因而，成为企业内部不可或缺的人才尤为重要。你不能呆呆地坐在那里，等待机会从天上掉下来。如果你想出人头地，在发展事业的过程中感受到快乐，就需要主动找寻机会，保持高水准的工作状态。当你做到了这些，经理、同事以及高层行政人员会将你视为一份宝贵的资产。今天的职场已经没有马虎敷衍之人的生存空间了。要么不断追求卓越，要么无法生存。问题就在于，绝大多数人根本不知道该如何开始。当你们读完这本书，将会懂得如何运用当前这份工作作为跳板，运用“盒子内思维”去挖掘潜力，将你的事业推到一个全新的层次。

你们可能觉得这是在画大饼。让我告诉你们，我是如何一步步实现自己的梦想的。大学期间，我在一家活动宣传公司得到了一个实习机会，做着各种无聊的工作——比如印刷刊物、扫描，我甚至还要帮公司的首席执行官去买咖啡。这些都属于我“非常抵触”的琐事。我注意到一些同事负责制作传单与设计方面的工作。第二天，我向老板展示了我之前设计的网站，他了解到我是一位痴迷网络技术的菜鸟，给了我到网页设计部工作的机会。**从中我得到启示：单纯做好本职工作是不够的，我必须要展现自己的才华。在工作之外掌握的技能，有助于我在公司内部获得提升。**

2007 年 3 月 14 日，我读了一篇改变我人生的文章——《自品牌》，文章作者是汤姆·皮特斯。在这篇文章里，皮特斯谈到了个人品牌以及打造个人理想事业这门艺术的重要性。我知道自己非常享受于帮助那些在事业上受挫的人，也知道这是我所擅长的工作。与此同时，我看到了网络和新媒体对于品牌传播的重要性，越来越多的公司开始利用网络打造他们的形象。我迅速进行了一番搜索，看看是否已经有人在网络上谈论自品牌，结果竟然没有，我抓住了这个机会。

我做的第一件事就是将博客名改为“自品牌”，并开始学习这方面的知识，做出相应的改变，运用我掌握的技能去帮助别人。每天晚上下班后，我都会写一篇新博文，并在网上所有关于自品牌的文章下面发表评论。从此，我再也没有了自由的周末与夜晚。我当时觉得，这是展现自身才能与得到反馈的最好方式。我的博客渐渐受人关注，我也开始成为“自品牌”方面的专家。之后，《快公司》杂志在给我做的一份个人介绍中，将我称为“自品牌”领域的年轻领袖。

EMC（美国一家以在线折光仪和在线测厚仪产品为主导的跨国公司）公司里的一些人看到了《快公司》关于我的介绍，将此事告知了当时有意进入社交媒体领域的执行副总裁。于是，我有机会成为 EMC 的公关部门里的社交媒体专家。突然间，身边的人都过来找我，寻求有关社交媒体方面的指导。我向老板展示了自己的特殊才能——我的自品牌——进而成为公司的高价值员工。**可见，如果你足够努力，就去追寻真正的激情，让自己成为某方面的专家，最终实现自己的目标。**

过去几年，我看到过太多同龄人从事着让他们感到痛苦的工作（根据《MetLife（大都会人寿）关于员工福利趋势的研究报告》，超过三分之一的美国人都希望在接下来的一年里变换工作，找寻新的东家）。很多年轻的上班族都联系过我，寻求在公司内部得到提拔的建议——这些有才华的年轻人感觉自己总是原地踏步，他们有很好的想法，却没有足够的动力去实现。

这就是我写这本书的原因。我知道缺乏成就感带来的沮丧。更重要的是，我知道要超越这些障碍、获得真正的成功需要做些什么。

在进入正文之前，首先说一下我的情况。在2010年的时候，我的自品牌博客已经不单纯是自己的一个业余爱好了——这个爱好帮助我获得了第一本书的签约，得到了许多演说与咨询的机会。于是，我觉得离开之前的公司，创建自己的公司是合理之举。我的朋友与同事对此都非常震惊，他们不敢相信当时只有二十六岁的我会辞掉薪酬优渥的工作，选择在没有任何支持的情况下创业。他们认为这样太冒险了，其中一些人还说我疯了。我所在部门的资深领导甚至预言："在遇到困难后，你肯定会很快厌倦，选择加入麦肯锡或是其他咨询公司。"

事实证明，他们错了。我想要控制自己的命运，我的激情、进取心、雄心壮志与自信，让我创立的公司取得了成功。虽然我推崇自己创业，但也意识到这条路并不适合每个人。特别是在事业起步阶段，我建议慎之又慎。也就是说，你们要抵制认为在某家公司工作就是“不思进取”的想法。成为一名创业者不仅要关注自己的企业，更要具备一系列的能力：懂得鼓舞、激励身边的人，与团队合作，坚持不懈等。只要你有进取心，同样可以利用老板的财力与所在企业的优势，在公司内部去学习与掌握这些技能（如果你还有大学贷款尚未偿还、没什么资本，或是还与父母一起生活，这尤为重要）。

跟上永远在“变”的职场形势

很多大学提供的教育与就业市场脱节。学校与就业企业之间缺乏纽带，不知道企业需要怎样的人才。最后造成这样的结果：英特尔公司原本有一个非常慷慨的学费补助项目，现在已经将一百多名学生从名单中删除。因为根据公司内部的考察结果，这些大学生的工作水准无法达到预期。与此同时，很多职业培训网站呈现爆炸性的增长。如果大学真的做好了本职工作，那么这些网站根本没有存活空间。总而言之，如果你想在职场上取得成功，就需要更好地把控自己前进的方向。下面是应对这些改变的一些指引。

1. 你的工作职责描述只是起步而已。如果你想在职场收获成功，打响自己的名声，那么你需要在本职工作之外做得更好。事实上，你的工作职责描述不过是你应该要做工作的皮毛而已。你要时刻去寻找全新的项目，尽可能接受更多的培训与自我拓展的训练。这样，当机会出现时你才能更好地去竞争重要的职位。HBO（总部位于美国纽约的有线电视网络媒体公司）项目规划与管理部门执行副总裁安德鲁·戈德曼睿智地说：“在我们生活的这个世界里，你绝不能只做工作职责范围内的工作，除非你是为你老爸打工。”

2. 你的工作是临时的。世界在不断变化，职场也是如此。很多企业面临着收购与被收购、兼并与被兼并的命运，或是有些企业直接宣布破产倒闭。你的团队可能会解散，你的职位可能会外包，或是你可能对工作失去兴趣。据美国劳工统计局的报告，一般美国人在 18 岁到 32 岁之间，都做过多份工作。因此，你现在从事的工作，可能只是前进道路上的垫脚石而已。

3. 你需要很多现在可能用不上的技能。根据美国教育部最近出炉的一份报告，很多公司都在招聘与留住优秀员工方面面临着巨大的问题。按照教育部的研究，在二十一世纪，超过 60% 的全新职位所需的技能，当今只有 20% 的员工才具有。软技能（人际交往）要比硬技能（技术性）更重要。在这个时代，掌握一门硬技能，已经不那么困难了。

4. 你的声誉就是你最重要的资产。头衔可能会满足你的虚荣心。归根到底，最为重要的是：你的声誉、你所参与的项目、别人对你的信任程度、你认识的人、别人对你的了解程度，以及你展现出来的气质等。当然，你的所作所为是重要的，但别人对你的看法也同样重要。如果你能打造更有威望的名声，那么金钱与机会都会自然而然地涌向你。2011 年，我曾在自品牌博客（PersonalBrandingBlog.com）对四百五十名博客读者进行了调查，超过 92% 的读者赞同一点，即别人对他们的看法会对他们的事业影响甚大。

5. 你的个人生活现在是公开的。根据我的公司做的一份研究报告，Y 世代员工一般都会在脸书上至少关注十六名同事。这意味着下班之后，你依然通过网络与同事保持着联系。因此，你在工作时间之外做的事情都可能影响你的事业——而且这种影响程度可能超乎你的想象。你只需要花十五秒钟，就可以在推特（Twitter）、微信上发文；你对老板的评价或是不雅照，可能会彻底毁掉你的工作与事业。即便是最细小的事情——你在网络上的举止、谈吐、个人形象、身体语言、交往的人等，可能有助于打造自品牌，也可能彻底将你摧毁。

6. 新媒体带来的积极影响。当然，新媒体的出现以及你的工作与私人生活的融合也可以带给你诸多好处。你的社交网络可以让你与志同道合的人联系起来。你的网络形象可以帮助你打造自己的名声。网络上诸多的教育机会可以让你更加深入地学习你感兴趣的知识，成为某方面的专家。在接下来的章节里，我们会谈到如何拓展你的社交媒体运用，让你与更多了解你的人联系起来，得到别人给予的帮助，从而推动你的事业发展。

7. 你需要与不同年龄层的人进行合作。在当今的职场，你要与不同年龄层的人一起工作（在一些行业，经验丰富的工人甚至要与刚毕业的大学生竞争一些基本的工作，因为他们愿意降低薪酬，保住饭碗）。无论是实习生与普通员工，还是经理与高管，每个层次的人都是在不同时期与社会背景下成长起来的，他们对职场都有着不同的理解，沟通的方式也不尽相同。当你掌握了与不同年龄层的人相处的能力之后，将会更容易获得成功。

8. 老板的事业排在首位。如果经理无法取得成功，他的沮丧感可能也会影响到你，让你获得提拔的机会变得非常渺茫，但如果你支持经理的工作，让他的生活变得更轻松一些，赢得他的信任，那么当他进入企业高层之后，自然也会拉你一把——即便这意味着你可能要跟随经理到另一家公司去工作。

9. 人脉广的人将赢得最后的胜利。我们已经从信息经济转向社交经济了。你所知道的事情所占的权重越来越低。一旦你有什么不了解，只需要搜索一下就可获取。而你与他人一起工作，解决问题的能力将变得越来越重要。科技、信息、客户需求的不断变化，组织架构的频繁转变，都会影响到你管控事业的方式。如果你无法适时地做出调整——无法与外界保持联系——那么你很快就会与职场脱节。

10. "一人赞同"的法则。在找寻工作、创业、找寻终身伴侣或是其他事情上，只需要一个人就能让你的生活变得更加美好。有些人可能会说，我身边没有这样的人。但是，只要有一个人给予你赞同，那么你就该即刻出发前进。成功人士之所以能够获得他们想要的，正是因为他们知道，只要给他们一个机会，自己就可以提升到另一个层次。当你到达了那个层次之后，那么你只需要另一个机会就可以提升到又一个全新的层次。至于能否争取到这些人支持你的事业，完全取决于你的能力与表现。

11. 你代表着未来。到 2025 年，全球职场超过 75% 的主力军都将是 80 后或 90 后员工。这意味着，虽然你们现在可能刚进入职场没多久，但在不远的未来，你们将会冲在最前线。当职场发生了变化，年老一代的员工退休之后，你必须要将自己定位为领袖的角色。

12. 创业精神适合每个人，而不单纯是企业老板。很多人将“企业精神”定义为开创企业。但在最近几年，创业精神的含义已经得到了极大的拓展，适合每一个愿意为自己负责，愿意冒险以及敢于推销自己的人。如果你想要出人头地，首先就要将你的企业视为一家风险资本企业。你要在职场里做到始终如一，向别人推销你的理念，提出别人想不到的创造性解决方案。

13. 不要过分注重工作时间，要看重工作成果。如果你想保住工作，获得提拔，就不能过分看重每周投入的工作时间。相反，你要努力实现自身的价值，必须更加看重你的工作成果，不断推销你自己。

14. 你的事业在你手中，而不是在老板手中。无论别人怎么说，归根到底，所有公司都只会考虑自身的利益。当你想尽办法让公司取得成功的时候，也要确保自己能够从中获益。如果你不努力地学习与成长，那么你无法惠及任何人。不要试图去依赖任何事情或是任何人，要为自己的事业负责，为自己的人生负责。

再说一句，如果你想收获成功，就需要掌握这些全新的法则。这本书是讲关于如何通过社交媒体得到工作，以及得到工作之后你该怎样去面对的。在这个不确定的时代，你该做好哪些方面的准备，才能更好地应对各种问题与挑战呢？你该怎样创造一个能够展现个人特质，让别人注意到你的工作成绩的自品牌，让你比同龄人更快地得到提拔呢？这本书能回答并解决这些问题。我不会跟你们说要辞掉眼前这份工作，创建自己的公司或是打破公司的规矩，而是要告诉你们如何在遵守公司制度的前提下，在工作中充分展现自己的潜能。

这本书是为像杰森这种充满潜能的年轻员工创作的，这些人虽有能力却缺乏明确的事业路线图，但他们愿意通过自身努力为公司做出贡献，同时提升自己。你将会了解我的个人经验以及我对诸如英特尔与摩根士丹利等大公司超过一百多名员工、经理与高管进行访谈的研究结果。这些结果可能会让你大吃一惊，也能让你看到未来职场的发展趋势、生存技巧。

当职场发生变化的时候，你需要知道全新的规则，知道如何驾驭这些风险。我同时也意识到，即便大多数人都愿意继续为企业工作，你们中一些人可能更倾向于自己创业。如果有一天你要自立门户，那么在这之前，掌握一些企业工作经验也是非常有帮助的。无论你选择怎样的道路，本书都将成为你的指引手册与参考指南。

在第一部分里，我将会告知你取得成功所需的能力，并谈论硬技能（技术层面的能力）、软技能（人际交往层面的能力）以及社交媒体的能力。你将会知道需要哪些技能，以及如何掌握并运用这些技能，从而不断前进。

在第二部分里，我们将会谈论如何让你的这些技能广为人知，从而吸引追随者，让你在组织内部更受关注，增强自身的影响力。

在第三部分里，我们将会专注于之前提到的研究结果，揭示当经理们在考核与提拔有才干的年轻人时，他们最看重哪些方面。当你知道公司的需求之后，就会少犯错误，更快地成长。

在第四部分里，我们将会谈论你在职场外做的任何行动都应该有助于你的本职工作。我将展示如何运用你的创意帮助自己在公司内获得提升，也会谈论在你身处职场时如何开创自己的事业——让经理与高管去支持你——为你提供所需要的资源。现在，很多企业的运营方式有点类似风险投资，老板在不断寻找有潜质的员工，为缺乏资金而夭折的项目提供资本支持。所以，如果有必要，你可以去寻找这样的投资。

在最后一部分里，我们将谈论如何改变的话题。你可能不会一辈子都从事同一份工作，所以如何评估留任与离职的利弊，讨论你在讨厌现在这份工作，却因为各种原因无法离职的情况下该怎么做。接着，我们会谈论如何与面试官打交道，提出加薪以及其他方面的请求。

在每个章节中，我都会帮助你认清还需要哪些技能，才能更好地推动事业发展——以及掌握这些技能的方法。了解这些内容将让你比同龄人获得更多的优势，因为他们可能将大量的时间浪费在学习他们业已掌握的技能上。遵循本书的方法，会让你从现有的职位上获得更大的成就感，让你得到所需的工具支持，更加自信地胜任下一个职位。

在不断变化的就业市场中，你需要知道保持与时俱进的各种可能性。在本书里，我将会向你展示并帮助你充分利用这种可能性。你的事业就在你手中，我希望帮助你实现雄心壮志，更好地推广自己。让我们开始吧！

——丹·斯柯伯尔

第一章
把你自己当成“品牌”
PROMOTE
YOURSELF

你手握着解开明天秘密的钥匙。

——巴里·扎尔茨贝格，

德勤会计师事务所全球首席执行官

我深信，80 后、90 后将会推动商业朝着更好的方向发展。他们不喜欢公司那一套等级森严的制度，也不愿意被朝九晚五的工作方式所限制。他们认为，公司不应该按照员工的工龄、年龄或是投入工作时间的长短去评估员工的价值，而是应该根据工作成绩来进行衡量。美国快递公司董事长兼首席执行官肯·切诺特就深知 80 后、90 后具有的潜力与影响力。他说：“在满足客户与员工的需求和期望时，交流方式已经发生了变化。懂得成功招揽这些年轻人才的公司，将会在这个竞争日益激烈的市场中占据成功先机。”

但这绝不是一个只关乎未来的故事。最近，我的公司与 Payscale（成立于 2002 年的一家网站，现拥有世界上最大最完善的雇员薪酬数据库）联手进行的一项调查得出了这样的结论，15% 的 80 后已经进入了管理层。随着这一代人的影响力越来越强，企业将被迫创建更透明的职场环境，打造更加诚实公正的招聘体系，工作方式将更趋于协同化。员工们将可以在任何地方，任何时间去工作，而他们的工作成果是衡量优异与否的唯一标准。

职场将会越来越像是一个游戏场，而不是一个整天忙活琐事的地方。百事可乐人力资源总监辛西娅·鲁德尔也看到了年轻员工日后将会对职场带来的巨大影响。她说："我们在运营方面做出的很多改变，都是为了建立一个扁平型的管理结构，告别过去传统的指挥控制的管理制度。"

一些公司已经开始改变企业内部文化，使之更符合年轻员工的需求。我们与 Payscale 公司联合进行的一项研究表明，85 后员工做同一份工作的时间为两年（老一辈员工一般为五年至七年），位于硅谷的在线电子书租赁服务公司 chegg 就曾创立了一个无限制的带薪假期政策，Hubspot（一家数字营销公司）、Netflix（一家在线影片租赁提供商）以及其他公司在几年前就已经实行了这样的制度。老板们发现，除了设立一个合理的招聘工具之外，执行这样的制度会减轻员工的生活对工作表现的影响，从而大大提高他们的工作效率。一些企业老板的步伐迈得更大一些，甚至发薪水给员工在假期里花，但附加一个条件，就是员工不能在假期中做任何工作，也必须要完全脱离他们之前的工作。老板们说，当员工从假期回来之后，他们通常精神饱满，会以更好的状态投入到工作中去。

在过去两年，因为实施了这项政策，chegg 公司的年度员工离职率已经降低了 50%。另一家软件制造商 APrimo 在一年之内通过让毕业不久的大学生承担更多的工作责任，一年内将千禧世代员工的留任率提升了 85%。这背后的原因是：关心员工并看重员工事业的发展。这样的企业将能够留住人才。

下面列举了千禧世代员工对当今以及日后职场产生重要影响的几个方面：

- **我们将会推倒防火墙。**我们习惯通过科技去连接世界，会运用社交媒体工具与智能手机去与家人、朋友以及同事进行联系。富于远见的企业将会允许员工在工作期间使用社交媒体，因为这会让我们的工作效率更高，能够让我们以快捷、廉价的方式与世界进行联系，同时也让我们在工作中感到快乐。相反，禁止员工在工作场所使用社交媒体与手机设备的企业，在招聘与留住员工方面将会面临许多困难。当我们全面掌控着职场，所有的企业（除了一些需要高度管理的行业）都将会允许员工使用开放的技术。我们中超过 33% 的人将在工作时可以使用社交媒体与手机的自由看得比薪水更重要。按照思科公司的数据统计，我们中超过 56% 的人不愿意在一个禁止使用社交媒体的公司上班。

- **我们会将工作变成一场游戏，而不是一种负累。**我们都是在玩电子游戏中长大的，我们始终都在寻找梦想的职业，不愿意安于现状，具有高度的乐观主义精神，认为工作应该契合我们的生活方式。当我们对自己的工作感到厌倦之后，就会选择离职。在未来，我们将会彻底改变当下的工作方式。游戏化的工作方式已经越来越受欢迎了，这也必将成为日后工作环境的一个标准。游戏化的工作方式是通过游戏去培训与发展员工的一种全新方式。Bluewolf 咨询公司就将游戏化引入公司的管理流程，以求培养员工对公司的忠诚度。该公司的员工通过提出全新的讨论话题或是对同事提出话题的反馈来收获高层评分，让公司处于一种创新的状态，增强同事间的交流。除此之外，该公司还鼓励员工通过自己的社交网络来分享彼此之间的看法以及其他事情。当他们的链接被人点击后，他们就能收获评分。奖励的方式诸如赠送 iPad（苹果公司推出的一款平板电脑）或是与公司首席执行官吃一顿午饭。结果，员工的网站点击率增加了 45%，公司的博客点击率增加了 80%。加特纳预测，到 2014 年，超过 70% 的公司都会至少拥有一项游戏化的应用程序。

- **我们将会与朋友们一起工作。**我们希望工作能带来一种家的感觉。相比于前一辈的员工，我们在选择工作的时候，更喜欢与自己的朋友在一起。这也是很多人在创业的时候，都喜欢将朋友视为商业伙伴的原因。个人与工作之间的界限越来越模糊，我们认为这样的工作方式更有助于自己的社交生活。

- **我们将会打造一个协同合作的组织。**我们喜欢协同合作的工作方式。大多数公司当前的工作环境需要重新进行设计，比方说每个员工的小隔间就显得非常不合时宜。创新型公司会抛弃过去传统的办公室隔间，选择符合年轻人个性的社交空间。这里有两个例子，一个是联合利华公司位于汉堡的办公室，一个是微软公司位于阿姆斯特丹的办公室。在这两个办公室工作的员工没有固定的座位，他们可以随意走动，在自己感觉能够激发最高效率的地方工作。在未来的公司，将会看到没有隔板的定制办公空间，开放式会客厅、圆桌、虚拟办公室将会得到广泛的运用，更多的公司会使用联合工作空间，而不是在一幢可以同时容纳上千名员工的大厦。科技的进步是员工们进行协同合作的一个主要驱动力。通过网络社交媒体与平台，我们可以发表博文、论坛帖子、视频等。这样做有助于促进员工之间的交流与互动。

• **我们对过去世代的人产生着积极的影响。**事实上，这种积极的影响已经显现出来了。比方说，我们是首先适应社交网络的一代人，老一辈的人之所以能跟上，是因为他们希望与自己孩子保持联系或是了解孩子们的近况。因为我们与他们的行为、举止、消费方式以及世界观都不大一样，所以他们也开始改变之前的一些观念与行为（我们中超过 74% 的人认为，自己已经影响了同龄人或是其他世代的人的消费观）。MTV（全球最大的音乐电视网）网络执行副总裁罗斯·马丁说："实际上，我们可以看到上一代的人正在改变他们对品牌以及对产品、服务、体验的看法，千禧世代不断提升大家对这些看法的标准，因此这些人的观念在职场上显得过时了。"部分原因是我们并不像上一代的人专注于营销商品，而是想要成为品牌、产品创造过程以及在线活动的参与者。

我们的影响力也延伸到了线下的世界。像梅西百货这样的传统零售商开始创立全新的时尚品牌——甚至重新设计他们的实体商店——从而吸引更多的年轻购物者。在职场方面，我们反过来也在某些方面指导着下一代人，让他们更多地了解电脑科技，帮助他们更好地运用网络技术完成工作。

• **我们会让企业更注重自己的声誉。**从很多方面来看，现在的很多企业依然不够人性化，存在着与时代脱节的制度，完全靠着赚钱的商业本能在运转。但是，我们中超过 92% 的人认为，企业的成功不应该单纯看利润，更应该专注于企业带来的社会影响力。我们希望企业能够回馈社会，对世界产生积极的影响。在涉及去哪里工作等问题的决定上，我们将个人价值的意义看得比金钱更加重要。通过这样的方式，我们会对当下的商业发展产生积极的影响，支持全球的慈善组织与非营利性机构，为所在的企业在未来的世界市场竞争中，打造良好的声誉与形象。

- **我们将改变员工获得提拔的方式**。通常来说，员工只有在某个工作岗位上工作一段时间之后，才会得到提拔的。但是，我们通常希望能迅速得到提拔，不愿意在同一份工作上耕耘多年，才等到晋升的机会。我们这一代人认为，员工是否得到提拔，应该与员工的工作成绩紧密联系，而不是根据年龄与工作经验。按照过去的惯例，提拔员工一般都是在年初或年底时进行的。但随着我们这一代人的影响力越来越强，提拔的时间已经不受限制了，只要员工值得提拔，那就可以这样做。在这里，关键词是“值得”。员工们在平时依然要努力地工作，交出优秀的工作成绩单，给自己的团队与公司带来价值，才有得到提拔的机会。

通过了解未来你们这一代人在就业者中的影响，从现在开始你可以做好充分准备，变成你们公司的领导者。这会帮助你在工作中更加引人注目，让人们更加在意你的想法，甚至给你更多信心。

听起来很不错，不是吗？未来是美好的，未来就是你的！

第二章

硬技能：超越你的工作职责

PROMOTE
YOURSELF

在当代知识经济的背景下，你得到的东西取决于你学习的知识。

——比尔·克林顿

与时俱进，保住工作机会

在上文已经谈到，对任何企业而言，唯一不变的就是“变”——企业会被出售，管理团队会遭到解雇，工作职能会外包或是变成自动化，还有很多其他突如其来、完全超乎你控制范围的事情会发生。懂得适时做出调整的人会存活下来，拘泥古板的人会被淘汰。如果你不努力跟上这个不断变革的世界，那么你很快就会发现这个世界与自己无关了——你也将失去工作。还记得百视达（Blockbuster）这家公司吗？它曾在影碟租赁市场中占据很大的份额，但因为没有跟上人们对影碟直送上门的需求，它迅速衰落了。而Netlifx却满足了人们的这种需求，现在它占据了百视达之前的大部分市场份额。最近，Netlifx 要与 Hulu 以及 YouTube（世界上最大的视频网站）这些提供在线免费视频的网络视频公司进行殊死的竞争。达尔文一百多年前就已经说过："真正存活下来的，并不是最强大的物种，也不是最具智慧的物种，而是对改变做出最快反应的物种。"

是不是很有道理呢？一位图片设计师接受过 HTML（万维网的核心语言，标准通用标记语言下的一个应用超文本标记语言）、动画以及 2002 年版本的 Adobe Photoshop（一款图像处理软件）与 illustrator（一种应用于出版、多媒体和在线图像的工业标准矢量插画的软件）等方面的培训——但他没有与时俱进——他之前掌握的技能价值，甚至比不上那些刚从学校毕业、懂得使用功能更齐全的软件的学生。我们必须要牢记，在某些时候，我们也有可能成为跟不上时代的"老员工"。再过几年，你的工作可能被现在还裹着尿布的孩子抢走，因为他们将会掌握现在没有出现的技能与技术。

归根结底，你才是那个决定自己该掌握哪些技能以及如何使用时间的人。当你投入更多的时间用于学习急需的技能时，你就会变得更有价值。当你掌握了与工作或是行业相关的正确的硬技能时，人们就会注意到你的才干，邀你与他们一起工作。你将会成为"即用型"专家。但是，如果你不持续去让别人知道你的才干与你对公司做出的最大贡献，一切将不会发生。你所得到的额外关注，将会让你赢得身边同事的尊重，让你更加自信——继而赢得企业高层的关注，获得从事更重要工作的机会。

美国培训与发展协会（ASTD）估计，在 2015 年，超过 60% 的全新职位所需的技能，只是 2012 年 20% 的员工所具有的。那么，你知道自己未来需要哪些技能吗？这很难完全说清楚，但当下的发展趋势可以让你了解基本的前进方向。

能力差距。虽然当前美国面临着五十年来最高的失业率，但全美依然还有三百多万个空缺的职位。事实上，据万宝盛华（Manpower Group）最近发布的一份报告，超过 52% 的美国企业都在招聘员工方面面临着困难。最难招聘的职位人员有哪些呢？工程、会计、金融与 IT 类专业的大学本科生。根据万宝盛华公司的这份研究报告，最大的问题就是太多的应聘者缺乏他们想从事工作的硬技能。显然，美国还需要更多的大学毕业生。但据乔治城教育与职场研究中心的数据，美国每年大学毕业生人数要比市场需求的人数多出三十万。到底是谁抢走了这些工作岗位呢？答案是来自印度、巴基斯坦、东欧以及亚洲的员工。在这些国家，工程师与医生一样受到高度重视，年轻人都纷纷学习掌握全新经济形势所需的技能。为了让你们知道工程师在这个时代的重要性，我举个例子：在 2009 年 9 月失业率达到 10% 的时候——工程师的失业率只有 6.4%。当我在创作这本书的时候，全美国的失业率超过 7%，但工程师这个职位的失业率低于 2%。

全球化。还记得我在上个段落提到的每年超过三十万的就业职位缺口——现在这些职位都已经被国外的员工抢走了。以后，这样的情况将会愈演愈烈。综合奈特·弗兰克研究中心与花旗私人银行财富的报告，到 2050 年，印度将会夺走中国世界最大经济体的地位。那时，美国已经让出世界最大经济体这个宝座三十年了。

自动化。纵观世界，无论在哪个行业，机器都在从事过去人们从事的工作。只需想想商店的自动结算服务：扫描商品条形码、用信用卡支付、自己打包等情景，这些都是以前某些员工去做的。这也让我们进入到本章的重点：简单地适应改变是不够的，你需要找到让自己变得无价的方式，找到确保自己的能力无法被自动化取代的途径。这意味着我们必须要与时俱进，掌握任何对你现在工作与日后想要从事的工作有积极影响的技能。这意味着你需要成为当下某些方面的专家，同时不断掌握全新的技能，让自己成为明日的专家。在某些情况下，你可能要更换工作——所以，我们很难预测当下某些看似重要的技能，是否会在明天变得毫无价值。

平庸的时代已经过去。在这里引述纽约《时代》杂志专栏作家托马斯·费雷德曼的一句话："过去，具有一般能力、胜任一般性工作的员工都能过上普通的生活。但在当今这个时代，过去那种平庸的工作方式已经彻底结束了。处于平庸的状态，根本无法让你得到以前那样的奖赏。越来越多的老板有更多的招聘手段，当有太多能力突出的外国廉价劳动力、廉价的机器生产、廉价的软件、廉价的自动化，以及廉价的优秀人才可以选择的时候，能力平庸的人根本没有得到任何关注的机会。无论你从事什么行业，情况都是如此。正如我上面提到的，你需要找到一条能够做出独特贡献、增加价值以及展现才华的方式。这才是生存的唯一之道。"

以往在一家公司工作一辈子，无须担心工作风险以及想着退休后能拿一笔丰厚退休金的日子，早已一去不复返了。同样一去不复返的，还有员工们对老板的忠诚。在今天这个时代，职场的趋势是协同合作的工作环境，招聘的员工需要具有独立工作的能力。

这传递出非常简单的信息：你现在拥有的能力可能明天就过时了。所以，你最好努力掌握明日需要的技能，同时增强已有的工作技能。AOL广告网站销售执行官贾斯丁·奥尔金睿智地说："我浏览很多博客，与团队成员每周都有会面，我还是广告委员会的成员之一。你需要进行大量阅读，聆听他人的思想，才能时刻与时代接轨。过去的美好已经过去了，但每个人都想知道未来会是什么样子。未来其实就代表着当下。”

那么，你能胜任这个任务吗？我知道这说起来有点让人气馁。事实上，如果你愿意将与时俱进的心态投入到工作中去，那么你将有足够的能力在这个全新的经济时代找到一份工作，还可以保证自己的工作不会被外包出去。成为一个积极为公司做出贡献并有能力把控人生事业的人，要远远比你一个人呆坐在角落，祈祷着好运降临好一些。当你掌握了所需的工作技能，当你运用这些技能为公司做出了富有价值的贡献，必然能推动事业的发展。只有当你提升了自己，公司管理层才会想到要提拔你。因此，你需要给他们一个关注你的理由。当你的工作表现卓越的时候，别人绝对不可能漠视你的存在。记住，公司的高管每时每刻都在寻找着像你这样的明星员工，因为你同时也能推动他们的事业更进一步。

不可或缺的员工：硬技能

硬技能是指帮助你符合工作职位描述范围的实用性与技术性的能力，这些技能可以帮助你圆满地完成工作。要是你缺乏硬技能，连面试的机会都没有，更别说有从事这份工作的机会了。硬技能是可以衡量的——你在一周之内能够写出多少行代码？你是否擅长 Excel ？你打字的速度有多快？在很多公司设定的工作技能要求里，这些技能都是必需的。比方说，如果是会计专业的，无论你日后到银行工作还是成为面包师，都需要记住一些基本的计算原则。因为硬技能是可以量化的，很多人可以通过考取证书或是因为掌握这些技能而得到奖赏。

下面简单谈论一下硬技能。不少的硬技能都涉及技术类方面的工作。随着科技不断变革，所需的硬技能也会发生变化。当前职场中必须要掌握的一些技能（比如编程、网页设计、社交媒体等）在十年前都是不存在的。十年后，员工们需要的技能也是当代人所没有听过的。在阅读本章的内容时，要明白一点，学习硬技能并不是你只需做一次的事情。让你的能力与时俱进，这是一个持续的过程。

- **项目管理**
- **金融管理**
- **预算管理**
- **合同谈判**
- **销售预测**
- **工程设计（机械或是软件方面）**
- **运用办公软件**
- **精通第二种语言**
- **网页设计**
- **商业写作**

那么，硬技能到底多么重要呢？让我给你们提供几个数字。我的公司对一千名经理与一千名年轻员工就硬技能进行过调查研究，下面是我们的研究结果：

- 在考虑将员工提拔到管理层这个问题上，65% 的经理与 61% 的年轻员工表示，**掌握工作所需的技能**是“非常重要的”或是“最重要的”因素。

- 在考虑将员工提拔到管理层这个问题上，80% 的经理与 79% 的年轻员工表示，**策略性思维与分析性的技能**是“非常重要”或是“最重要的”因素。

除了能帮你获得并保持职位之外，硬技能还能让你在企业内部得到提拔。假设你是一家大公司的行政助理，你讨厌现在从事的工作，但需要这份工作带来的薪水与福利。此时，信息技术部门出现了职位空缺，虽然之前没有接受过任何信息技术方面的培训，但你希望申请填补这个职位。我可以保证，除非你能证明自己在信息技术方面拥有很强的能力，否则是绝对不可能填补这个职位空缺的。但如果你掌握了这些硬技能，那又是另外一码事了。

奥雅娜·凯尔萨伊在强生公司担任全球后勤规划师，她就是一个非常善于运用硬技能的人。她自学了一些硬技能，很快就摆脱了前期所做的一些基础性的工作。上大学的时候，她就在强生公司的服务部门兼职，赚取学费。她说：“从高中时期起，我就对技术非常着迷，所以在进入强生公司之后，很快就成了公司非正式的 IT 员工，客服部门的同事遇到技术上的问题都会找我帮忙。幸运的是，我有一个非常棒的经理，她了解我的能力类型。当客服部门发布 SAP 项目代替之前的 AS400 项目时，她就让我帮忙。于是，我成了这套系统的应用专家，帮助处理系统出现的问题，测试系统的运行并培训我的同事。最后，我来到了现在这个战略规划部门。”

要是奥雅娜之前没有掌握本职工作所需能力之外的其他硬技能，后来的这一切都不会发生。

认清你需要的技能——特别是在获得新工作职位的时候

如果你想将目前这份工作做好，就要掌握工作所需的各种硬技能。如果你想在公司的其他部门或是更高的职位上任职，就要掌握新职位所需的全新硬技能。你可以按照下面的一些方法去做。

首先，最符合逻辑的做法就是了解新工作的职位能力要求，因为大多数职位描述都包括一系列的硬技能。但是，他们并不总是侧重某方面的能力，所以你应该与经理进行交谈，以友好的姿态询问人事部的同事。你可以询问你心仪的那份工作需要哪方面的能力？你该怎样去学习掌握这些技能——公司内部有没有这方面的培训？若是你到外面参加培训班，公司是否可以报销费用？

与现在从事你心仪工作的同事进行交流，也是一个很好的办法。人事部门主管或是你的经理可能只是列出公司要求的一些技能，但每天从事这份工作的人会对圆满完成这份工作所需要的能力有更全面的了解。这两者列出来的技能清单可能会出现重合。保罗·迪玛利亚，现任某主流营销研究公司资深经理，就说自己正是通过聆听他人的意见才得到了这份不错的工作。“当我觉得工作停滞不前的时候，都会找寻最好的建议。我会抓住每个机会，尽可能聆听行业内的顶尖专家的想法。这样的互动是非常宝贵的。我想知道他们都做了什么，他们从来没有停止过学习，他们总在不断拓展自己。”

面对面的交谈听上去有点过时。所以，不要忘记了网络在线资源。

今日领英（LinkedIn.com/today）已经变成了一个社交媒体公司，从某种意义来说，这是面对面交流的一种延伸：领英为职场人士提供了最大的在线交流分享平台——这里的许多话题都是各个行业的权威认为最重要的——然后按照行业的分类进行归纳。你可以根据个人的兴趣，选取你感兴趣的内容或是新闻来看。领英同时还发布了一项全新的服务，独家发布诸如理查德·布兰森等著名商界人士的博文。这是你从最优秀的人身上学习的好机会。

如果你对某个工作感兴趣，可以上 onetonline.org，这个网站可以告诉你这个工作需要的特殊技能，从而帮助你更好地胜任这份工作。无论你想要在部门内得到提拔，还是想要更换工作，这个网站都能给你提供帮助。你可以在这个网站上了解到现在从事你心仪工作的人的生活情况，包括他们在日常工作要做的事情，还有你需要上什么培训班才能掌握他们这些技能。比方说，如果你对成为金融分析师感兴趣，你就需要掌握证券等级的评估方法，熟悉使用金融分析与电子制表软件，还要掌握大量的金融与会计知识。同时，你还要了解这个工作的教育要求、平均薪酬以及职位需求数量等方面的信息。

简短的暂停

在你知道自己需要掌握哪些技能，准备采取行动去掌握这些技能之前，你还有重要的一步要走。我想说的是，你需要对自己的优劣势做一番诚实的评估，了解自己最擅长的是什么，哪些方面还有待进一步提高。这样做的目的就是培养你的硬技能，成为你想要成为的专家——某个领域的即用型专家。无论你是微软 Excel 方面的专家，还是擅长研发智能手机的应用程序，或者你是办公室里唯一懂得印度语的人，可以很好地与供应商进行交流，都说明你是这方面的专家。找你的人越多，就说明你掌握的硬技能越稀缺，你对公司的价值也就越大。

优势与劣势

每当我谈论优势与劣势这个话题时，都会产生一个疑问：到底是专注于拓展我们的优势更加重要，还是克服我们的劣势更重要呢？

遗憾的是，这个问题没有绝对正确的答案。你需要按照自己最得心应手的方式去做。一些人觉得不断拓展自身优势会让他们变得更高效，而另外一些人则像《财富》杂志五百强企业道富集团公司的助理执行副总裁丽萨·斯图瓦特那样，认为克服自身劣势更有助于事业的发展。丽萨说：“我更专注于发现自身的劣势，从而在别人发现之前，更好地加以改正。我不希望让管理层有炒掉我的任何理由。”还有一些人认为双管齐下是最好的办法，一方面要增强自身的优势，一方面也要克服自身劣势。强生公司的奥雅娜·凯尔萨伊说：“我需要了解自身的优势，保证不会失去它们。同时，我也需要了解自己存在的劣势，从而以最快的速度将其变成优势。我需要凡事做到完美。如果不了解自身的优劣势，那我就无法做到完美。”

做出怎样的选择就看你自己。我推荐你们继续发展自身的优势。当你专注于自身的优势，相较你花同样多的时间去改正缺点，能更快看到成果。这样做会带给你更多的自信。一般而言，对于自己擅长的工作，我们做起来也更加愉悦，学习起来也会更快一些。当你享受这个过程时，就能学习更多知识，更好地提升自身的技能。当然，也有一些例外。比方说，如果你身上的缺点可能会给工作（就硬技能而言，这可能是你想要成为一名金融分析师，却对数据统计一无所知）带来潜在影响或是限制的时候，那么你首要的工作就是解决这个缺点。在这一章中，我要你们做的就是认准自身的硬技能。当然，不是所有的缺点都会给你带来这样的影响，只有那些会影响你工作表现、无法发挥你的优势，或是从一开始就阻碍你得到这份工作的缺点，才是需要你首先去解决的。

那么，你需要给自己提出下面几个问题，挖掘自身的五到十个优势：

- 我最擅长做什么？
- 别人认为我擅长做什么？（在很多情况下，你对自己的看法更重要一些）
- 我的工作需要我擅长哪些技能？
- 这份工作最重要的能力是什么？我是否掌握了正确的技能，从而超越同事呢？
- 无论我想继续在这里工作，还是选择去其他公司——要想得到提拔或是加薪，我需要掌握什么技能？
- 能够在现在的岗位上或者其他公司更进一步，还需要了解其他什么东西？
- 我在团队分工合作中是否发挥了自身优势？是否让我的团队变得更加成功？

• 同事与经理知道我的工作能力吗？他们是否看到了我为团队成功做出的贡献？

• 我的工作能力是不是被低估了？如果真是如此，为什么会这样？我又该怎样做呢？

如果你懂得发挥自身的优势，这非常好！现在，让我们看看你需要提升的地方。每个人都有劣势，忽视它们会影响你的表现，限制事业的成长。你可以提出下面这些问题，找出自己五到十个劣势：

• 我应该提高哪些方面呢？我在哪些方面应该做得更好一些？

• 我的劣势会影响自己以正确的方式完成工作，让我无法比别人做得更好吗？

• 上级有没有就我的缺点给予过反馈呢？

• 为了提升工作表现，我需要专注于解决哪个缺点呢？

如果你无法发现自身优势与劣势的清单，千万别害怕去询问别人，要真诚地恳求别人给予帮助。你可以将这视为一场非正式的同行评审。但在这里，你要注意这两点：首先，你应该从自己信任的人那里得到反馈；第二，不要经常这样做。这听起来有点奇怪，但我之前工作过的许多老板都抱怨，太多年轻的员工总是向他们提问“我做得怎样？”如果你总是征询同事或上司的想法，他们很可能将你视为一个缺乏独立工作能力的人，认为你总是需要别人的扶持，或是觉得你根本就没有领导方面的才能。

所以，你不能随意地找经理或是同事寻求工作的反馈，而要选择适当的时机。比方说，如果经理提及你的某些能力，而这方面的能力恰好是你不够自信的，你就可以询问他改善的办法。类似的，如果在你用 Excel 去整理金融项目时，一位同事说你的表格存在问题，这就是你向他寻求提升运用 Excel 能力的最佳时机。

获得反馈的另一个创造性途径，就是每周与经理进行定期的沟通，审视自己是否取得进步。你可以陈述你工作上的情况，坦率地说出你自己在工作中遇到的问题。通常来说，人们都希望别人过来寻求帮助——前提是你不要过于频繁地这样做。

当然，这是在理想的工作环境下才会发生的事情。绝大多数情况下，除非这是一次正式的述职总结，否则即便你询问别人，他们也不会直接地指出你的劣势（也不会直接说出你的优势）。在这种情况下，你可能就要像社会学家那样做了。如果你认真留意人们对你的反馈方式，就能得到许多非语言性的反馈——这包括面部表情、身体语言、说话声调等。然而，因为阅读别人的心理是一项非常难以掌握的软技能，所以我们将在下一个章节里谈论这个问题。

与别人交谈的时候，如果你知道自己拥有的某些能力是别人目前尚不了解的，就要勇敢地说出来！比方说，品牌资产咨询公司执行总裁约翰·格则马现在为 Young&Rubican（扬罗必凯，美国历史最长和最大的广告代理公司之一。）公司制定策略，他就跟我分享了一个这方面的故事。一位员工主动让他知道自己某些被低估的能力。“最近，一位有才华的年轻分析师过来找我谈论有关培训的问题。因为我们公司专注于品牌策略方面的打造，这与分析工具紧密相关。我原以为这位年轻员工希望得到更多定量数据方面的培训。我们坐下来交谈之后，他对我说他利用业余时间成了一名摄影师与纪录片制作人，觉得自己这方面的才能没有在公司里得到发挥。‘毕竟，我们是一个研究品牌的公司。既然这样，为什么不利用我的这些能力呢？’他这样对我说。他说自己每天都在整理枯燥的数据，这让他觉得自身创造性的才华逐渐枯萎了。”这位年轻分析师的激情给约翰留下了深刻的印象。约翰做了两件事：第一件事，他将这位员工转移到芝加哥去工作（因为公司的电影、摄影与图像设计办公室都设在那里），这样的话，他能够更好地发挥自身的才华。第二件事，约翰对这位员工的工作内容进行了重新安排，以便他能够更好地发挥电影制作与摄影方面的能力。“但我从这件事得到了一些启发，”约翰接着说，“就是年轻员工并不喜欢被他们的工作职位所定义。他们所从事的工作不过是一块庞大的马赛克的一部分。在好莱坞，你拥有的技艺越多，那就代表你拥有更大的能量。比方说，身兼演员、编辑、导演、制作人的人，在红地毯上逗留的时间要比只擅长一方面能力的人更长一些。这也是那位分析师给我的启发：‘除了你对我了解或是重点强调的能力之外，我还有更多方面的潜质。如果你看不到员工身上的这些潜质，不用多久，你就在公司看不到他们的身影了。”

这个例子充分说明了确保经理与同事了解你的能力的必要性。

掌握硬技能

正如我之前所提到的，学习与掌握硬技能的目标是要成为某方面的专家。要想了解自己，首先要专注于掌握那些能力，最好的方法就是与你的经理坐下来认真谈谈，询问他要掌握工作中哪些重要的技能才能更好地帮助你不断前进（如果你想更加深入地了解，也可以向行业导师或是工作经验丰富的同事提出相同的问题），确保经理帮你按照重要程度将这些技能列举出来。然后，你可以选择一些你想要培养的技能，努力成为这方面的专家。理想情况下，你首先应该从能发挥自身长处的一两个方面入手，让自己成为公司内部或是行业内这方面的顶尖专家。当你努力去做自己非常擅长的工作时，很自然就会投入更多精力。最后，你必然能更好地前进。要是你没有将能力清单中最擅长的技能发挥出来，也可以从中找寻能让你做到的技能。这并不意味着你可以忽视其他无法帮你发挥自身优势的技能，只是在某个时间段，专注于成为某方面的专家要更容易一些。这些技能可能会出现重叠的情况——不过，只要这些技能能相互补充——那么问题无关紧要。归根到底，你所做的任何事以及你所培养的能力，都将帮助你以更快的速度前进。这只是一个如何最大化发挥自身才华的问题。如果你总想着同时去做很多事，那么你的能力就会被稀释，专注力也会被分散，最终一无所成。

掌握硬技能有很多不同的方式。在很多情况下，这些硬技能都可以分为两个大类：通过公司支持去掌握硬技能与依靠自己掌握硬技能。下面，让我们详细看看这两大类的区别。

公司赞助的教育

有远见的公司应认识到，为了吸引与留住年轻员工，他们必须要为员工提供不断发展的机会。否则，年轻员工就会到更加看重他们能力的企业去工作。很多大型企业都会提供内部的课程培训——可以是导师在一个会议室里对员工们进行培训；也可以是通过在线研讨会或是其他的科技辅助工具来完成。谷歌公司会计经理索尼·古塞克就充分利用公司提供的每一次机会去学习。他说："课室培训、在线研讨会与会议培训都是我最喜欢的学习方式。通过这样的培训，我了解到最新的发明、创造性的工作方式，掌握了与当下工作以及未来工作角色相关的技能。我最感兴趣的就是培养领导技能与了解媒体消费不断变化的情况。"

另一些公司则提供在线培训课程，让员工通过网络在任何地方进行学习。一些企业老板则会为你到其他地方——比如当地的大学或是网络大学——参加课程培训掏腰包。只要你能通过培训掌握到对公司发展有用的技能，公司都会埋单，但如果你不主动争取这些机会，将对此一无所知。

美国快递公司商业系统分析师大卫·罗曼提出了参加培训的请求后，公司爽快地答应了他。大卫准备参加项目管理专业考试，提升自己的项目管理能力，公司则为他参加的两周课程培训付钱。"他们允许我重新安排自己的工作时间，因为培训课程都是在白天上的。"

遗憾的是，事情并不总是这么顺利——特别是如果你是入职没多久的新员工。要想找到公司赞助的教育培训并不是一件容易的事情。所以，你首先要充分运用自己的人际网络——包括你的经理与同事——了解他们是如何做到与时俱进的，恳求他们的建议。当然，他们肯定会给予你很好的建议，比如，如何把握机会，以及不必要为哪些事担忧。

千万不要忘记人事部门的同事，他们可以说是你最强大的资源。绝大多数员工在应聘与面试的过程中才会与人事部门打交道，一旦入职后，他们就很少会再与人事部门的同事联系。这是一个巨大的错误。

人事部门首要的一个工作职责就是培养公司内部有才干的人，同时也负责公司内部与外部培训方面的事宜，这些培训可能对你很有帮助。

如果公司有活跃的内部网络，这可能是人事部门首先建议你去找寻的资源。所谓内部网络，是指公司专门用于内部员工分享信息与交流的一个局域性网络平台。如果你不是该公司的员工，是无法连接到公司的内部网络的。每个公司的内部网络都会有不同的资源，其中一些公司只是通过内部网络发布公司信息，另一些公司则会提供在线的培训以及职位信息——这通常包括该职位所需要的各种能力。当你有空时就可以花一些时间浏览这些内容。

记住，公司赞助教育课程的数量与质量介绍都是非常清楚的。福特公司每年为那些想获得项目管理证书的员工最高支付五千美元的学费，同时还包括一年两百美元的购书费用。我在 EMC 工作的时候，就在 EMC 大学接受了各种课程的培训：包括写作、公司产品与技术、Six Sigma（一种改善企业质量流程管理的技术）等。这些都不是一些很轻松的课程。就拿 Six Sigma 来说，这是一个为期六个月的课程，在这期间，我还要利用自己的时间去做很多工作。我在 EMC 大学学习的很多课程都与工作关系不大，但是通过不断增强自己的能力储备，我成了一名有价值的员工。最后，公司对我的行为也表示赞同，同意给我一些假期，而且还支付了我所有的培训费用。很多公司都有类似的培训项目，而一些公司则可能相对较少。想要了解老板是否愿意在这方面进行投入，可以询问人事部门主管或是你的经理，看看有什么可用的资源。

如果公司提供内部培训或是为你到其他地方培训掏腰包的话，他们就希望看到对你的投资能够带来回报。这意味着你必须要有理有据地说服经理。与做任何事情一样，你事先得做好调查。比方说，如果你想到外地参加费用昂贵的会议，首先就要了解有哪些公司参会，谁会进行演说，负责赞助的是哪个单位，以及这个会议将提供怎样的培训或是课程，等等。如果你正在考虑参加一次正式的培训，无论是在公司内部还是到公司外与人进行交流，都要确保参加这些活动对你的工作有所助益。在你提出这个要求之前，要保证自己有足够的底气去回答经理可能提出的质疑。参加这些培训活动能让你学到什么？会在哪些方面提升你的工作表现？这样做是否可以让你为公司带来更多价值？总而言之，你需要向经理证明，你给公司带来的价值要远远超过参加这些会议的费用与你缺席几天的机会成本。

我还有几个重要的提示：有时，公司赞助的培训是带有附加条件的。比方说，如果他们为你提供学费，你可能就要与公司签订一份合同，承诺此后要在公司工作一定的年限。如果你觉得自己没有时间去参加这些培训就绝不要接受这样的合同。这可以说是一种动态的平衡。正如我前面说的，你掌握的技能越多，对老板的价值就越大，就越有机会在公司内部获得提拔，得到更加优渥的薪酬。但是，参加太多的培训活动可能会影响到你的本职工作，这点也是需要注意的。

依靠自己掌握硬技能

如果公司不提供内部或是外部的培训，你依然要努力提升自己的硬技能，做到与时俱进。其中的差别就是，发现并运用正确的资源，这完全取决于你。好消息是，你可以凭借自己的努力，通过许多方式去掌握这些硬技能。

如果公司不愿意为你掌握硬技能掏腰包，你要靠自己的努力去达成它。在开始之前，我希望你能认真思考两个问题：“我该以怎样的方式保持前进的状态呢？”与“我该怎样在保证做好本职工作的基础上，腾出时间去接受额外的培训，同时维持正常的社交生活呢？”我知道，本书的主题是关于你的人生事业，但是工作并不是生活的全部。让工作完全掌控着你的生活，这不是健康的做法。跟朋友们出去聚会，周末到野外露营，在工作之外还有自己的生活圈子可以让你的生活免于陷入工作的泥潭。

在你决定自学技能时，还有一个因素也是你需要考虑的：有些时候，你很难证明自己到底是掌握了一种全新的技能还是提升了之前的某些技能。解决这个问题的一个好方法就是到 acinet.org/certifications_new 网站去查询一下，你可以在这个网站看到所处行业需要的一切证书。你可以搜索工种、机构、职业或是行业等。该网站还提供了许多考试，用来检验你的知识与技能。最棒的是，你能够得到技能方面的证书，证明你没有夸夸其谈。

当你考虑学习与提升对自身事业发展有用的硬技能时，你需要做通盘的考量。你可以在下面这些网站找到许多不错的资源，我已经将这些资源进行了分类。我知道金钱对于很多刚入职场的人来说都是一个大问题，所以下面提到的都是一些免费的资源。

免费或廉价的教育工具。好的，你已经确定你想要掌握的技能。当然，如果你的公司埋单那会非常棒，但是这种事不会常发生。在这一部分，我将给你介绍一些好的资源，你可以在家里或者其他方便的地方学习新技能或者提高你已经拥有的技能。我所关注的资源都是免费或者价格低廉的。不管你是想知道博客到底需要多少关键字来最大化搜索引擎的优化效果，还是如何通过注册会计师考试，都可以从这里开始。

会议与研讨会是掌握技能与拓展人脉非常好的场所。你将会从行业内最成功的人士那里得到最新的信息，有机会同与你存在利益联系的人会面。我们会在本书接下来的章节里谈论人际网络。你只需要记住，拥有越广泛的人际网络，得到帮助的机会就越多，这对推进你的事业发展具有积极的作用。

• 你可以上 Eventbrite.com，看看有没有适合你的资源。这个网站会有各个行业的会议情况介绍，你可以通过行业与地区进行搜索，找到离你最近的活动举办地点，甚至可以在线登记报名参加。

• 你可以上 Conferencealerts.com。这个网站有全球各地可以搜索到的即将要举行的会议，并按照不同行业进行了分类。如果你找到了一个与当下工作或是心仪工作相关的会议举办情况，可以询问经理，看看公司是否愿意为你报销参会的费用。

教育类型的网站。下面只是列举了一部分提供免费或是廉价课程的网站，你能够从这些网站找到你想了解与学习的技能。

• Skillshare.com 。这个网站是一个社区教育市场类型的网站，你可以在网站上与很多专家进行学习。如果你是某个领域的专家，那么你可以在上面跟别人进行技能交换。

- Udemy.com。这个网站提供多个行业的免费与廉价课程，包括运营管理、产品研发甚至是如何使用推特等。你甚至还能在 Udemy.com/u/danschawbel 这个网址找到我讲述自品牌的课程以及其他相关课程的内容。

- KahnAcademy.org。这是一个非营利性组织，该组织的目标就是让我们的教育变得越来越好。该网站有超过三千个世界顶尖专家教授课程的视频，视频内容涉及多个行业，而且对所有人都是免费开放的。

- Quora.com。这是一个问答类型的社交网站，你可以在网站上提出问题，从来自各个行业的专家那里得到回答。你想要找寻的信息可以按照你感兴趣的内容进行分类（比方说数学、金融、营销等）。除此之外，你还可以搜索其他人提出的海量问题，或是提出自己的问题。在中国也有类似的网站，如“知乎”等。

- Bigthink.com。这个网站有来自各国超过两千名专家表达的最新思想，涉及各个行业与领域。

- Itunes U（apple.com/education/itunes-u/）。这个网站有最丰富的免费教育内容的数字分类。你可以观看由世界上许多著名学府的教授讲授的课程，了解学习任务以及从老师那里得到知识。你可以在 iBooks 上做笔记或是画重点。除此之外，该网站还有许多多媒体课程资源。

- TED.com。这个网站每年都会举办两次 TED 会议，汇聚了世界上最具创造力的优秀人才。很多 TED 演说视频都可以在 ted.com/talks 或是 YouTube 视频网站上找到。你可以上这些网站，搜寻喜欢的视频。与其他网站提供的一些培训课程相比，Ted.com 网站提供的是个人演说视频。

- Textbookrevolution.org。这是一个由学生运营的网站，专注于推广老师与教授授课的免费视频。你能够在这个网站找到许多免费电子书籍。

开放课件（ocw.mit.edu）与创投实验室（venture-lab.org）这两个网站分别由麻省理工学院与斯坦福大学负责运营，可以让你学习大学生或是研究生的一些课程，课程的范围非常广泛，从C++（在C语言的基础上开发的一种通用编程语言）到微观经济学，再到媒体研究与外语学习等等。Coursera.org这个网站与上面提到的这两个网站有些类似，但可以提供超过三十所学院与大学的免费课程视频。Teamtreehouse.com这个网站专注于网站设计与研发。CodeAcademy.com这个网站为任何想要学习编程的人提供学习资源。除了软件方面的内容，你还可以学习如何创建网站、研发游戏与应用程序。它有一个非常大的特色，就是你可以与朋友一起参加课程，相互督促，相互进步。为什么要专门提到编程呢？因为这是一项高度专业的技术技能，在可预见的未来中它都不会过时。掌握了这项技能，可以提升你的赚钱能力。

随着世界越来越小，掌握外语这项技能也变得越来越重要。比方说，我的朋友就能说一口非常流利的日文与中文，所以他从来不愁找不到工作。语言能力能够为你带来许多工作与旅行的机会。你可以上Busus.com这个网站，免费学习外语。你可以选择想要学习的语言，然后以一种非常互动的方式去学习——你可以通过网页或是手机应用程序的方式去学习。你还可以与其他学习同一种外语的人保持联系，以便更好地提高外语水平。

对你的行业有大致的认知

虽然我们正在谈论学习硬技能的话题，但绝对不要忽视掌握一般性知识的重要性——特别是关于你所在行业的发展趋势，你还是需要了解的。经过调查研究，我们发现超过 76% 的经理与 80% 的年轻员工都认为，在将初级员工提拔到管理职位的考核因素中，对行业有大致的认知是“非常重要”或是“最为重要”的因素。绝大多数员工都可以免费地了解这方面的知识——你只需要连接互联网就可以了。所以，我希望你们尽可能登录下面我提到的这些网站去多加了解。你所掌握的每一点知识都有助你将眼前的工作做得更好，帮助你取得成功。

- **商业媒体**。想了解一般性的商业知识，最好的读物应该是《哈佛商业评论》。你可以从一个很高的位置俯瞰整个商业生态。当然，你还可以阅读《华尔街日报》《福布斯》甚至是《纽约时报》等商业媒体。
- **与行业相关的出版物**。每个行业都有专门的出版物。你可以询问经理自己需要阅读哪些方面的内容。抽时间去询问公司的首席执行官或是他的行政助理，了解他的阅读刊物。
- **博客**。浏览博客是培养某种特定技能与相关知识的一种很好的方式。你可以搜索自己想要学习的知识，同时可以到 alltop.com（该网站按照点击率对博客进行分类）或是 technorati.com（一个博客搜索引擎网站）去浏览点击率最高的博文。
- **网站**。还有不少非常好的网站也能为你的工作、创业以及其他方面提供建议。比如 30 Second MBA（fastcompany.com/mba）就是这方面最好的网站（《时代》杂志与任天堂公司的首席执行官以及脸书的首席执行官马克·扎克伯格都会经常上这个网站）。而 Score.org 这个网站可以通过邮件的方式提供免费的私人指导服务，如果你觉得未来自己会走上创业的道路，那么它提供的资源特别适合你。

- **书籍**。获得毕业证是一件不错的事情，但拿到证书并不意味着你就可以停止学习了。虽然我们可以通过网络去了解很多知识，但书籍仍然在学习中扮演着很重要的角色（当然 kindle 与 iPad 上的电子书同样算得上是书籍）。

成为主题专家

一旦你认准了想从事的那份工作所需的硬技能，就应迅速找到掌握这些硬技能的最好办法（无论是利用上班时间还是业余时间），剩下的事情就是将掌握到的技能运用到工作中去。在今天的职场，单纯拥有满足职位描述所需的能力是不够的，甚至可以说这样的能力还差得太远。如果你想要在公司得到提拔，所做的就该超越职务描述的工作范围，努力为你的部门与公司增添价值。做到这点最有效的办法，就是让自己成为某方面的即用型专家。当同事或是主管遇到什么问题时，他们脑海里第一个想到的解决人选就是你。换言之，你肯定希望自己能成为像国际品牌集团的咨询师大卫·特拉罕那样的专家。特拉罕说："大家都将我称为'数字方面的专家'，但我更加响亮的头衔是'社交媒体专家'。我是一个小型跨功能的特别小组的成员，这个特别小组专注于提升我们公司的电子数字能力，培训各个部门的员工如何将数字信息运用到工作中。我多次受邀参加头脑风暴会议，很多客户都会给我打电话，让我参加一些与数字或是社交媒体专业方面有关的项目。"

网站 Talentdrive.com 拥有一套专属的寻源代码，能够帮助招聘单位在线寻找简历。该网站最近做了一次调查，结果显示 71% 的人事部经理都希望找寻有特殊专业背景的员工，但超过 67% 的应聘者认为自己拥有“更宽泛的能力”。换言之，这些应聘者正在努力成为通才，希望能够满足所有的工作需求。这是一个很大的认知误区。

最为成功的品牌——无论是自品牌还是企业品牌——都在努力打造这个品牌在某方面的知名度。这也正是你应该去做的。最重要的是，如果你是一个所谓的通才，那么别人不会对你留下深刻的印象。当某个项目需要去完成的时候，别人根本不会想到邀请你，只会邀请某方面的专家。所以，如果你真的想不断前进，就需要成为某方面的专家。只有成为专家，充分展现自身的价值，才能得到你想要的关注度。当你成了专家，别人才会听到你的名声，继而求贤若渴。你也会成为公司的一项宝贵的资产。

我需要澄清一点，并不是说你不应变成通才，但你不可能精通所有的技能而可以在某个方面做到最好。

如果你正为美国最大的广告经纪公司希尔假期（Hill Holliday）的数字策略高级副总裁兼总监麦克·普劳克斯这样的人工作，而且还不是某方面的专家，你的事业肯定会停滞不前。普劳克斯说：“我们真的非常需要各类专家人才。虽然我的团队负责的是‘社交媒体’，但并不是每个人都对任何一个社交论坛、政策或是最好的经营方式都有着深入的了解。我们希望每一个员工都能对他们最擅长的工作充满激情。我们希望团队中的每个人更好地与团队、客户进行分享，提升公司的知名度。”

重要的底线：无论你从事什么工作，成为工作上的专家能为你增值。但是，因为工作前景时刻变化，你可能需要对自身擅长的技能做出改变，更好地保证自己能始终为公司增值。除此之外，如果你对行业的前景有着深刻的了解，在做出调整时也会相对容易一些。

你的事业规划

这个世界改变的速度太快了，存在着许多不确定的因素，有时想要顺应这样的变化也并不容易。正因如此，如果你想取得成功，就要对瞬息万变的职场前景做出及时的调整。

要做到这点，你需要制订一个计划，认清自己的目标——这应该是一个具体且可量化的目标。国际品牌集团的大卫·特拉罕就深谙制订具体目标的重要性。他说："我知道自己的人生要前往哪个方向，同时也对如何在当前公司做得更好有一个计划。我制订了一个为期一年的计划，如果我能在一年之内完成这些目标，再去制订下一年的计划。我知道达成这些目标需要做出什么努力。我对企业的内部政策、人员的心态以及目标实现等情况有着深入的了解，能够据此发挥自身的优势，在自己参与的项目中发挥特长。"

首先，你可以制订短期、中期或是长期的目标——不论目标期限的长短，你都绝对需要制订这样的目标。我发现，成功的计划都是以未来设定好的目标作为基础，然后尽可能地将达成目标的每个步骤具体化，一步一个脚印地去实现它们。比方说"在未来三年内，我要成为某某公司的助理副总裁。我要获得某某方面的证书，掌握某种技能。

我要在一年内抽出时间去参加公司提供的课程培训。每年还要参加两次行业会议，参加某网络组织举办的月度会议，每周都要与行业同事吃顿午饭。”对于你父母那一代的人来说，一个长期的计划可能持续十年，而短期目标可能长达一到两年。但对年轻员工来说，一个长期的目标可能不会超过三年，短期目标则可能短至六个月。当然，你可能还需要灵活地对待自己的计划：公司可能会出现倒闭的情况，或是你可能因为要照顾生病的亲人而辞掉工作，抑或技术革新让你尚未实现的目标一下子过时了。如果出现了这些情况，那么你就需要按照现实情况的变化对计划进行调整，设定全新的目标，规划全新的前进方案。

制订计划的时候，你应该遵循自身的兴趣与激情，甚至还需要一点小小的运气。《纽约时报》体育版记者玛丽·皮隆根据自身过往的经验，找到了想要追求的目标。她就跟我分享了一些非常好的建议，这些建议可能也会对你们有用。她说：“我很幸运能在一个很多人对他们所做事情充满激情的地方工作，他们身上散发出来的热情是具有传染性的。我觉得，要想取得事业上的成功，其实没有什么秘密。只要你努力工作，将一无所有视为前进的出发点，努力去做自己喜欢的事情就可以了。当然，你还要保持开放的心态。我觉得，要是自己再年轻一点，就不会将自己视为一个财经记者或是体育记者。但在尝试了这些事情之后，我发现自己喜欢不同类型的讲故事的方式。我喜欢以新闻报道的方式去直接或是间接地帮助别人。我不知道明天要穿什么衣服或是一年后要做什么，也不知道五年后会从事什么工作。有时，设定目标能为你带来好处，但过分地痴迷于实现这些目标，可能会让你忽视了眼前的一些机会。”

在《纽约时报》当记者绝对不是一件容易的事情，所以我们很难说玛丽的建议没有道理。也就是说，虽然她也许没有一个固定的目标，但她绝对为自己设定了一些目标以及衡量自己进步的方法，从而帮助她实现这些目标。你也要确保自己能够做到这点。

成为公司里不可或缺的专家

在努力成为即用型专家的过程中，你需要做好下面四件最重要的事：

- **留意身边发生的事情**。现在最需要的是哪一种技能呢？千万不要忘记时刻提醒自己：现在哪些技能使用的次数比以前少了？
- **保持沟通**。无论你多么用心，都绝不可能了解周遭发生的所有事。所以，你需要与人多交流：包括你的同事、经理，还有从事你心仪工作的人。你可以提出许多问题：他们最看重的是哪一种技能？现在哪些工作最缺人才？他们认为未来哪些工作最被看好？
- **制订计划**。你该怎样掌握所需的技能呢？你要始终保持不断学习的动力，掌握有助于事业发展的知识与能力。
- **保持灵活**。记住，世界时刻在变。今天重要的一些技能可能在明天就一无是处了。明天重要的技能可能现在还没有出现呢。

通过阅读本章的内容，你们可以知道，掌握硬技能与成为某个方面的专家能帮你得到某个工作，高效地完成手头的任务。如果你想要更进一步，成为经理人或是自己的老板，就需要掌握下一章要谈及的软技能了。

第三章

软技能：个人魅力的重要性

PROMOTE YOURSELF

现在，评价我们的标准已经变了：再也不是我们多么聪明，也不是看我们掌握的技术与技能，而是看我们掌控自己与他人的方式。

——丹尼尔·戈尔曼，《情商》作者

切以结果为导向，不是吗？做好账目，签下合同，按时完成任务，将成本控制在预算范围之内。做好这些事情，就很容易得到提拔。事实真的如此吗？很多人才华横溢却依旧原地踏步，而一些工作表现差强人意的人却获得晋升的机会。有时，你想不明白，为什么一个缺乏创造性思维的人能成为经理？所以，要想推动事业发展，交出一份漂亮的工作成绩单是不够的。那你到底还缺失哪些东西呢？答案是软技能。

从最基本的层面来看，软技能——有时也被称为情商——是一种非技术性的技能。软技能包括人际交往能力，这种能力可以让你与同事形成良好的工作关系，更好地与他人进行沟通。我们在上一章节已经讨论过的硬技能，可以帮助你处理工作上的技术性难题。但是，真正推动事业前进的是软技能。一般来说，你可以从身边的人身上发现这些软技能。当你掌握了沟通的技巧，提升了自己的情商，就会成为每个人都想合作的对象，化身为一名意见领袖。同时，你还可以管控别人对你的看法。千万不要任凭别人对你进行评判。相反，你要充分展现自身的能力，为团队与老板带来价值。

硬技能与软技能，有点像单机电脑与联机电脑之间的区别。你可以在单机上做简单的工作，但联机电脑可以让你与世界同步。单机可以做一些简单的工作，但联机电脑可以让你从所有连接的电脑中得到你想要的东西。我询问过不少《财富》五百强企业的经理，他们对我说，年轻员工要想推动事业发展，一定要掌握一系列的软技能。这些经理提到了下面这些软技能：

- 良好的职业道德
- 乐观 / 积极的态度
- 良好的沟通技能
- 良好的社交技能
- 宣讲会上讲故事的能力
- 时间管理能力
- 善于倾听和对话，让同事与客户感受到被理解和被尊重
- 成为善于阅读的人
- 与他人建立深层次关系的能力
- 准确表达信息的能力
- 不抱怨、提出问题解决方案的能力
- 在头脑风暴中提出创意的能力

- 书面写作能力
- 问题解决能力
- 团队合作能力
- 变得可爱
- 自信
- 善于接受他人批评并从中学习的能力
- 保持灵活性 / 适应性的能力
- 抗压的能力
- 同理心
- 正直
- 幽默感

软技能到底有多重要?

坦率地说，拥有硬技能的人并不少见。接受过高中教育的学生也许都能掌握绝大多数硬技能，从而胜任大部分工作。但是，高中毕业的学生是否拥有成熟的情感或是人际交往能力，进入《财富》五百强企业，这是值得怀疑的。在第二章，我们讨论了获得他人关注的重要性。在本章，我可以说，没有比将自身与他人的潜力挖掘出来的能力更能让你受人关注了。

Sodexo（法国索迪斯集团是一家餐饮、旅游服务业的跨国企业）公司食品与营养部门总监苏珊·兰杰尔对我说："掌握软技能可以让员工更好地学习硬技能：成功的员工必然对工作拥有热情与动力，有着良好的社交网络、很强的人际交往能力，同时还对学习与成功充满热情。这样的员工很快就会在团队与公司崭露头角。掌握的可迁移技能让他们能够学习绝大多数硬技能，将工作做得更好。”

下面，我给你们再举一些例子：

- 根据 CareerBuilder.com 网站（凯业必达招聘网是北美最大的招聘网站运营商）做的调查，71% 的受访企业老板表示，他们将情商看得比智商更加重要，其中有 59% 的老板表示，不会雇佣缺乏情商的高智商人才。

- 我的公司采访了一些企业老板，了解他们认为毕业生哪一些能力最为重要，98% 的老板说“沟通技能”，97% 的老板说“积极的态度”，还有 97% 的老板说“团队合作能力”。

- 情商领袖咨询公司创始人兼首席执行官马克·墨菲表示，在他的企业，在一年半内遭到解雇的员工里，89% 是因为态度原因，只有 11% 是因为缺乏技能。

- 根据我们的研究调查，在对员工表现进行评估的时候，有 32% 的老板表示，硬技能是最为重要的；有 7% 的老板表示，数字 / 技术技能是最重要的；有 61% 的老板则表示软技能是最重要的。

从上可知，光做好本职工作是不够的。你还得关注这些问题：你能很好地融入企业内部文化吗？你能与同事或是经理关系融洽吗？你有克服冲突、激励团队成员，或是将自己的思想推销给经理等方面的能力吗？

与硬技能不同的是，软技能很难量化评估。当你掌握了某项硬技能，就知道如何在工作中运用这种技能，但软技能不是如此。你需要让自己置身于别人需求的一种状态，渐渐变得越来越好。但在我们将你变成软技能专家之前，首先需要认清楚你的优势与劣势。

评估你的软技能

我们下面做一个快速的自我评估。这并不是一个具有科学性的分析——你可以运用其他手段来进行测评，包括 Myers Briggs 以及网上其他免费的工具。这只是对你的软技能做一个大致的评估。按照 1 到 5 分的标准，1 分代表完全不擅长，5 分代表非常擅长。你可以按照下面的标准给自己打分：

- 我愿意成为一名积极的聆听者　　1　2　3　4　5
- 我是一名优秀的谈判者　　1　2　3　4　5
- 我对团队设定很有自信　　1　2　3　4　5
- 我能在压力下很好地工作　　1　2　3　4　5
- 我愿意接受他人的批评　　1　2　3　4　5
- 我擅长管理时间　　1　2　3　4　5
- 我擅长与同事及客户保持良好的关系　　1　2　3　4　5
- 我愿意为自己的行为负责　　1　2　3　4　5
- 我愿意主动采取行动　　1　2　3　4　5
- 我擅长化解与他人的冲突　　1　2　3　4　5

好了，你现在可以将自己的得分加起来。如果你的得分超过 45 分（满分是 50 分），可以不用看下面的内容了。如果你的得分在 30 到 45 分之间（绝大多数人都在这个区间），就要利用每个机会去培养自己的软技能。要是你的得分低于 30 分，那还有很多地方需要提升。

提升软技能的方法

现在，你已经对自身软技能的优势与劣势有了一个大致的了解，让我们来聊聊帮你提升与发展软技能的具体方法吧。学习掌握有效沟通的能力是最重要的软技能之一。沟通并非单纯局限于说话，还涉及许多方面的内容。只要想想你平时发送的邮件与信息，在早餐点咖啡时说的话，在坐地铁上班时微笑地看着可爱的男孩或是女孩，与同事面对面地进行交流，在电梯里沉默地站在别人旁边等情况，你就会发现，几乎我们所做的一切事情——即便只是坐在那里，吃饭或是玩耍——都会给别人传递出一种信息。接下来，我会教给你一些提升沟通技能的好方法。

聆听。如果你不认真聆听他人就无法清晰洞察：别人想要什么，在想些什么，为什么要做手头的事，你怎样才能帮助他们实现日标。

聆听，最重要的部分就是闭上嘴巴。我知道这听上去非常简单，但很多人都希望尽快表达自己的观点，因而经常打断别人，滔滔不绝——特别是当他们紧张的时候，根本就停不下来。了解你是否有爱说闲话这个毛病的好方法，就是认真思考自己是如何开始这场对话的。当对方在讲一件事的时候，你是会不停地插嘴讲自己的事，还是只是在一开始简单询问几句然后专心听对方讲完呢？

苏格拉底曾说，上帝给我们两只耳朵一张嘴，为的是让我们多听少讲。当你与别人交流的时候，一定要保持专注。你可以提出很多问题，但不要变成盘问。如果别人谈到你感兴趣的话题，你可以稍微深入地加以了解。依据他们对上一个问题的回答，你提前准备好下一个问题。让别人更多地谈论他们自己，那么他们就会对你更感兴趣，更愿意赞同你的想法。

如果你很容易在谈话过程中分神，就要训练自己的专注力。我过去训练专注力的方法就是在谈话结束后努力回想谈话的每个细节。如果我手上有一张纸，就会对别人说过的话做一个快速的总结，或是在手机上输入这些笔记，这样做真的很管用。第一，这说明你真的在认真聆听；第二，这能让你免于许多误解；第三，这让你有机会提出后续问题，从而更加深入地了解别人的想法。

善于聆听他人，这是一项重要的软技能。它同样影响到你在其他方面的沟通方式。比方说，善于聆听他人的能力会直接影响你写会议总结、后续邮件以及感谢信的能力。

擅长书写。安永会计师事务所的人力资源副总监南希·阿尔托贝罗对我说："如果要我给青年领袖一个建议的话，我希望他们能够提升书写能力。"你可能在发推特或是短信方面耗费了不少时间，但如果你想在公司得到提拔，同样需要写报告、提案（给客户提供某事项概要说明的短小文件）、新闻通告，当然也少不了邮件。掌握符合逻辑结构、层次分明且简洁明了的写作能力，能够让人直接阅读最核心的内容。阿尔托贝罗接着说："当你需要将一些不好的消息告诉顾客或是同事，要写的字数很有可能超过一百四十字。"无论你写什么，都要确保内容直达主题，让人一看就明了。看你报告（包括你发的邮件主题）的人可以迅速知道你想要他们做什么。至少，这可以让你不至于因为在报告中缺失了某些内容而向别人没完没了地解释。

了解你面向的对象同样重要。邀请朋友吃午饭的邮件与发给老板的邮件肯定截然不同。在你点击发送前，一定要校对核查。要是你的内容不符合语法规则、单词书写错误、乱用标点、句子不完整或是篇幅过于冗长，会让你显得懒散与不专业。校对核查自己所写的内容是很困难的一件事，所以写重要文件时最好能让他人帮忙看一看。因为你永远不知道自己写的文章、邮件或是其他内容会出现在什么场合（不少人都习惯了点击回复所有人，不小心将你发来的内容转发给了不该接收的人）。如果你的写作能力不是很好，可以参加写作培训班，提高单词拼写、语法运用、标点使用、句子结构以及其他基本的写作能力。

我们所有的沟通技能都是联系在一起的。我们已经知道聆听的技能会影响到我们的写作技能。写作技能反过来也会影响到我们其他方面的技能。比方说，当你掌握了如何将自身思想以符合逻辑、结构清晰的方式写在纸上的技能时，你在向别人陈述观点时就会更加容易。

锻炼发言陈述的能力。你在公司处的位置越高，要做演讲的机会就越多。遗憾的是，很多人一想到要在别人面前发言就非常恐惧。也许，除了服用镇静剂外，唯一能让我们克服紧张情绪的方法就是多加训练。你进行的训练越多，就会感到越容易。比方说，你可以在吃晚饭的时候做两分钟的演讲，也可以在睡觉前对着镜子做五分钟的独白。演练的机会可以说到处都是。当你与朋友们外出吃午饭时，甚至可以告诉服务员每一个朋友点的菜式。如果你无法找到这样的机会，只能说明你没有真正努力地去做。

很多人在演讲的时候，内心最恐惧的就是担心自己会在众多陌生人面前出丑，不知道怎样用自己的观点去打动别人。克服这种恐惧感最简单的方法，就是确保你在听众中有自己的支持者。最好与你的听众进行事前交流。你可以大略地说一下自己演讲的核心思想，聆听他们给予的反馈。如果他们对你所讲的内容感兴趣，就会站在你这一边，你也就不用担心无法说服他们；如果他们对你的陈述内容不感兴趣，可以询问他们的想法，努力去解决这些问题。你可能需要将他们的一些想法融入你的演讲。在这个世界上，没有比你听从别人的建议更能让他们感受到自身重要性的了。

肢体语言：观察与运用无声的语言

无论是在职场——或是任何其他地方——不管你是否察觉到，你都无时无刻不在表达着自己的想法。你可能会发现，超过 80% 或是 90% 的交流都是通过肢体语言来完成的。很多人都会根据你的各种非言语性表现来对你进行评价——你表现出来的举止、聆听时点头的方式、前往办公室的走路方式等。经理们经常会这样做，特别是当他们评估提拔的人选时，会特别注重这方面的考核。可以肯定的是，他们希望提拔具有真正能力的人。但是，他们也想提拔注意个人衣着与举止形象的强者。

观察别人。这样做主要出于两个理由。第一个理由，通过聆听别人的话语与观察身体语言，你可以对他们内心的想法有所了解，知道他们关注与感兴趣的事情。这可以让你做出适当的调整，从而更好地满足他们独特的沟通需求。比方说，在面对腼腆的人时，你肯定不会像面对强势之人时表现得那么凌厉。这种观察别人的方式同样适用于对待顾客、同事与经理。

第二个理由：知道别人对你的看法非常重要。别人做出的反应可能是言语上的，也可能是行为上的。有时他们的反应方式比较明显，有时则比较含蓄。一个向你提出许多问题的人可能对你很感兴趣，希望跟你进一步沟通。要是一个人不时翻白眼、目光飘移或是在房间里张望，还不时附和“哦，真的吗”，但没有向你提问，就表明你的观点并没有打动他。虽然不少人都会阅读别人给出的肢体信号，但不是每个人都明白这些信号背后的含义。如果你不是很了解别人对你的看法，就要提高这方面的能力。

留意你的身体语言。绝大多数的交流都是非语言性的。当你在与他人交流时，记得要留意自己的身体行为。在别人说话的时候，你是背靠着椅子、双手交叉吗？站起来的时候，你是否双手放在臀部？你是否习惯于不停抖腿？你是会站起来迎接别人，还是呆呆地坐在那里等着别人过来跟你握手，又或是坐的位置与别人呈一定的角度（研究发现，人们的专注力往往会集中在他们双脚指向的地方）？在与别人交谈时，你是会用手指不停地转笔，还是坐立不安呢？像这些简单的肢体动作，会影响你能否与人高效地沟通。

在多人的情况下，与人做一对一的眼神交流。如果你与那些眼睛没有注视你的人交流，会感到非常沮丧。在你说话时，别人直视你的双眼，这种感觉是非常愉悦的，能让你感到自身的重要性。因此，你的眼神要停留在与你交谈的人身上，千万不要双眼不停地游离。

远程工作者要掌握的软技能

据思科最近发布的一份研究报告表明，70% 的大学生与年轻的职场人士认为，以后的工作没必要在办公室完成。出人意料的是，越来越多的企业老板似乎也对此表示认同。现在的你很有可能就是这样办公的。Wrike 软件公司公布的另一份研究显示，有 83% 的受访员工表示每个工作日都会有远程办公的时段。无论是上下班途中、睡觉前、吃早餐甚至是半夜去洗手间的路上，你都可以阅读与回复邮件。

这就带来了一个问题：虽然在家工作已经越来越为人们所接受，过往办公室严格的管理制度早已过时了，但远程工作者担心，同事或是老板会认为他们是懒散的人；缺乏与老板“面谈”的时间，也会影响到他们的事业。

国际商用机器有限公司人力资源专家安德鲁·奥贝赖格纳负责公司在德国与欧洲分部人力资源方面的工作。他最头疼的一个问题也是与员工见面的时间太少了，身处异地让彼此的沟通变得更加困难。他说：“即便在你们进行沟通的时候也无法看到别人的脸部表情与身体语言，这些缺失的交流信息对于决策过程来说却是至关重要的。”

遗憾的是，一些远程工作者的确因为不在办公室上班变得懒惰，最后遭到解雇。即便你不是懒惰的员工，远程工作也会让你很难与同事建立很强的情感基础（显然，你们下班后没法一起去喝鸡尾酒了），无法与高管进行重要的面谈。电脑科学公司副总监谢利·哈特林·尼利负责管理远程工作者的工作情况。他说：“远程工作者没有机会走进某人的办公室，询问工作的进展，也没有机会谈论彼此的分工和进度。如果他们长期不在办公室办公，那么他们的硬技能很难得到关注。最后，这些因素加起来可能会让其遭到解雇。”

保持联系。这一点是非常重要的。要是人们看不到你，那么当一个全新机会出现的时候，他们也是不会想到你的。所以，你需要确保经理每天都能看到你的名字，听到你的声音。谢利·哈特林·尼利就建议说，当员工与经理都在同一个物理空间中工作，经理会不时找员工们聊天，这是非常自然的。他说："作为一名经理，你必须要认真观察过去一周发生的各种事情，只是为了说出'嘿，最近怎么样？'。"你可以利用Skype、谷歌语音、微信或是其他的视频会议系统去与人交流。你可以通过发私信，发推特、微信等方式保持联系，千万不要害怕拿起电话。有时，过去形成的古板印象是非常真实的：如果老板的年龄比你大很多，打电话的沟通方式最好。如果她的年龄与你相当或是比你年轻，那么运用全新的沟通设备效果会更好。但是，你要事先询问偏好，以便区别对待。

在行业内扩充人脉。你要特别注重与同事以及行业内的其他人建立起人脉关系。你可以参加公司的内部培训或是假期聚会，尽可能多地参加同行的社交活动与论坛。对远程工作者来说，建立强有力的人际关系并不容易，但极为重要。

抓住每个与人面谈的机会。很多企业每年都会举办现场会议。如果你获邀参加这些会议，最好不要拒绝。哈特林·尼利说："一般来说，我们都会在一年之中挑选出几天时间，让整个团队的所有成员都飞过来聚在一起，面对面地进行团队建设与学习等方面的工作。当然，会议后的团队晚餐是我们最为期待的。在融洽愉悦的气氛中，你能感觉彼此的关系变得更紧密，大家也能更好地了解对方。"

给人留下好的印象

曾有一句话很流行："你没有给人留下第一印象的第二次机会。"

这句话其实并不是很正确，我们待会儿再谈论这个问题。但是，谁都不会否认第一印象的重要性。普林斯顿大学的研究人员发现，第一印象形成的时间只有十分之一秒。这听起来着实让人感到恐惧。更让人恐惧的是，即便之后长时间的接触也很难改变别人对我们的第一印象。

接下来，我们谈论给人留下良好的第一印象的几个要素：

注意你的行为举止。甲骨文公司价值链销售计划经理马克·库塔说："在我看来，在软技能方面，Y时代员工最应该注意的是举止礼仪。他们不清楚该怎样与人进行午餐会面，不知道怎样接上别人的话茬儿，不知道如何更好地表现自己。我已经为几位年轻员工购买了礼仪培训方面的书。"别人说话时认真聆听，在会议中途不要玩手机和查收邮件，否则是对他人的冒犯。

注重衣着。这听上去很老套，但为了取得成功，你真的需要这样做。超过41%的受访老板表示，注重衣着或是穿着职业化服装的员工，要比不注重衣着形象的员工更容易得到提拔的机会。CareerBuilder.com网站最近做的一份研究表面，从相反的角度去对衣着与成功之间进行了分析。结论显示，阻碍员工获得提拔有下面几个最大的不利因素：穿戴夸张的耳环（37%）、有口气（34%）、身体露出文身（31%）、不恰当的衣着（29%）、凌乱的办公桌（27%）。其他影响因素还包括穿着过分随意、平时有咬手指甲的习惯、皮肤晒得太黑或是喷太多的香水等等。研究发现，当女性在面试的时候穿着比较男性化，得到这份工作的概率会更高一些。

你对此感到不解？其实这是很公平的。不管你是否喜欢，人们都会这样做。T-Mobile公司商务区域总监迪恩·洛尔对我说："要是看到某位同事染着颜色怪异的头发，身体上有穿环与文身，在尚未对他深入了解之前，就对他做出评判是不正确的，但这就是现实。如果头发并不是你身上最让人感兴趣的部位，就应该让它不要阻碍你的工作进展。”我们应该将头发梳理整齐，展现出职业化的形象，同时不失自己的个性。在决定该穿什么工作装的时候，最重要的考量因素就是穿衣的标准。如果你刚入公司没多久，其他同事都穿着牛仔裤，那么你最好也跟着穿牛仔裤。如果他们如此随性，你却穿着西装，别人会觉得你是一个异类。而如果你是一位投资银行家，穿衣标准就应该是西装革履，而不是随便一条洗白了的牛仔裤。

总之，你要为心仪的职位去调整衣着打扮，而不是根据现有的职位去决定穿衣的标准。正如数字公司搜索营销策略资深执行副总裁梅兰妮·米切尔曾对我说的那样：“如果你的经理每天上班都穿着牛仔裤以及休闲服，你上班时穿着跟经理一样的服装，那么高层就会认为你是一个具有经理能力的人。”

我建议你们穿的服装要遵照比你高一个级别的职位服装要求。如果同事都穿牛仔裤，你可以穿卡其裤。如果同事穿着休闲商务装，那么你可以穿一件夹克，但不要打领带。这样，你就深谙职场的穿衣之道了。同时，你还需要做好各方面的准备：当你通过恰当的衣着表现个人职业形象，其实就在发出这样的信息：你愿意承担更多的责任，为获得提拔做好了充分的准备。

如何获得第二次机会

正如我之前提到的，第一印象非常重要，要想修正别人对你的第一印象是非常困难的。奥美集团全球事务总经理约翰·贝尔曾对我说："虽然每个人都有可能在与人初次见面时栽跟斗，不过，我们在一份工作或是交往的前九十天时间的持续表现，将会给别人留下最深刻的记忆。"

要想修正别人对你的不良的第一印象，就要超越对方的期望。在搞砸你们的第一次见面后，别人对你的期望值可能相当低，但你需要认真思考到底哪方面出了问题，并找到改正的方法。这与你的个人形象有关吗？你做了哪些不得体的举止？你说了哪些让人讨厌的话？正如托德·戴维斯对我说的："你需要为给别人留下不良的第一印象负责。要是你能在下次见面时改正这些问题，那么别人能够察觉到你为此付出的努力。"

千万不要将我在上面谈论的内容视为对你可以随便修正第一印象的默认。EMC公司的市场情报与市场研发项目总监埃丽卡·特伦布雷表示，虽然人们可以修正第一印象，但也无法保证你真的能够得到这样的机会。他说："人们都很忙碌，他们可能很快就会从事另一项工作，再也不会与你合作了。所以，你根本没有机会去修正之前留下的不良印象。"

可见，第一次会面为日后的交往定下了基调。第二次见面也是很重要的，因为这次会面要么证实了第一次会面的印象，要么推翻了此前的印象。如果你在第一次会面没有给人留下好的印象，那么别人对于第二次会面的期望值就会较低——这给了你超越第一次表现的机会。如果你给人留下了良好的第一印象，那么别人在第二次见面时就会对你有更高的期望。如果你能满足他们的内心期望，那么你就可以建立起自己的名声了。如果你无法满足这样的要求，就要考虑进行第三次尝试了。

学会建立"关系"

除了"情商"一词之外，要是让我用另一个语义相近的词语去代替"软技能"的话，我会想到"建立关系"这个词语。我们在本章谈论的所有内容都涉及如何与人沟通。一方面，我们需要与客户以及公司外部的人建立关系，因为人们都希望与他们认识且信任的人做生意。凯悦集团大学招聘部门经理罗尼沙·古德温就对此进行了一番很好地总结："经理必须要具有与客户以及员工进行有效沟通的能力。业务能力固然重要，但我们更需要每一位经理掌握员工以及客户的'人性需求'，确保他们收获理解与尊重。"潘多拉公司会计总监凯瑟琳·拉尔娜也说："销售需要人们专注于建立人际关系，因为人们不会从他们不熟悉或是不信任的人那里购买东西。同理，你给服务员的小费超过餐费的 15%——就是因为你喜欢他们表现出来的软技能。当然，这并非人们从你那里购买东西的唯一理由，但你如果是个善于观察、性格随和的人，就能带来额外的加分。"

另一方面，你要懂得处理与同事以及上司的关系。哈佛大学最近出炉的一份研究报告显示，在职场获得提拔的人选中，只有 15% 是因为自身的硬技能而得到提拔的，剩下的 85% 取决于他们与人相处的能力。当我说"与人相处的能力"时，意思就是受人喜欢。金杰·伦农是一家位于波士顿的新媒体公司的营销经理。伦农曾对我说："从入职的第一个月开始，我就想尽办法融入公司的各个层面——无论是参加各种会议，自愿帮助开发全新项目，加入公司内部的垒球队，为圣诞节写贺卡，策划对某位员工善意的‘恶作剧’。我很快就发现，只要你愿意腾出时间为打造一个有趣、积极的工作环境与企业文化去努力，赢得同事们的喜欢并非难事，他们还会在工作上给予你许多帮助。”

据加纳德·波兰联合公司在乔治城大学做的一份报告显示，大多数经理都承认，在正式提拔的程序开始之前，他们已经认准了想提拔的人选。这份报告显示，有 56% 的大型企业老板在面对多名提拔候选人时，心里一般都有了答案——而被老板喜欢的标准与工作能力并非正相关，而受人喜欢的候选人得到提拔的概率高达 96%。这意味着即便你不是技术上最符合某项工作的人，你依然还有晋升的机会——只要你能赢得老板的好感。

成为所在组织的领袖

成为某方面的领袖可以帮助你打造自品牌，获得更好的发展。当然，要实现这个目标，首先要让经理看到你是一个有领袖才干的人。经理都想找寻这样的人：他们有开阔的视野与对未来的远见，能够看到别人看不见的机会；他们为人勇敢，愿意承担一定的风险去实现目标；他们设定的标准高于绝大多数人，一旦抓住机会就能超越公司对他们的期望；他们知道如何激发同事间的信任，擅长解决冲突，进行团队合作。

现在，你要做的就是不断去训练。展现领袖潜质最好的方法就是无论何时何地，你都要抓住机会承担领袖的角色。记住，千万不要呆坐在后面，等待别人给你这样的机会，你需要努力去争取。

成为领导者需要哪些能力？

成为某方面的领导者是非常重要的：根据我们的研究，有 78% 的经理与 84% 的员工都表示，领导能力是“很重要”或是“最为重要”的一种能力。为了创作这本书，我们专门对数十名经理就领导能力进行访谈。下面，你们将会了解到领导者所具有的二十种能力：

1. 成为团队建立者（86% 的经理与 82% 的员工表示，这是很重要或是最重要的能力）。

2. 拥有建立关系的能力（75% 的经理与 79% 的员工都将这种能力摆在最靠前的位置）。

3. 拥有品格、能量、激情与个人魅力。

4. 愿意为实现任务、目标、使命或是要求不断努力。

5. 保持开放、诚实与坦率的态度。

6. 具有创造性思维。

7. 为人公正——给每个人机会，给予大家应得的奖赏。

8. 做事有条理，懂得授权。

9. 懂得与人交往，知道如何化解冲突，善于察言观色。

10. 能够控制风险。

11. 能在压力下很好地工作。

12. 能把握全新的机会。

13. 知道如何向别人更好地传递信息。

14. 拥有永不放弃的心态。

15. 激发别人伟大的一面。

16. 始终保持竞争力——知道每个人要承担的责任，同时也让自己成为某方面的专家。

17. 知道如何提出正确的问题，找到正确的答案，做出正确的决定。

18. 保持谦卑的态度——不将功劳都揽在自己身上。

19. 为团队成功尽自己最大的努力。

20. 拥有优秀的沟通技能。

我认为，现实世界的一个好例子，要比列出一个清单更能说明事情。因为每个人对领袖能力的定义不大一样，所以我希望你们有机会聆听经理们的一些看法。泰森食品公司大学关系招聘主管梅根·切利希望找寻这样的员工：专业、成熟，懂得委派任务，同时知道自身能力的临界点，恰当地给予他人赞赏。百事可乐公司的保罗·马钱德说：“我们希望找寻这样的未来领袖，他们为人正直，具有团队合作能力，始终保持好奇心与挑战的心态，有敏锐的洞察力，能迅速发现全新的机会，展现出足够的灵活性。”美国家庭人寿保险公司综合营销第二执行副总裁詹姆斯·维斯顿则想要找寻这样的人才：“有足够的意愿与能力去拥抱未知的事物，知道如何去解决谜团，拥有缜密的思维方式，有能力提出正确的问题，分析看似无法理解的现象。”

正如我之前所说的，成为一名领袖是打造自品牌与推动你在公司内部得到提拔的重要方式。优秀的经理都知道，伟大的领袖人物代表着一个组织的未来，所以他们要时刻留意这些人才的出现。掌握现在最急需的能力，你就会得到别人的关注，否则只能一直原地踏步。

领袖与经理之间的差别

我们在上一章已经讨论过，以往年代的员工通常是根据资历以及工龄来得到提拔的。而在现今的职场，有这么多需要学习的东西，论资排辈的提拔方式早已是过去式。但是，尊重你的老板绝对没有过时。这些老板在公司运营与治理方面有着许多经验与能力——这对推动你的事业发展非常有助益。

与此同时，虽然经理与领袖这两个词在过去经常被混为一谈，但这个词的定义如今已发生改变，并非所有的经理都是优秀的领袖，也不是所有的领袖都是优秀的经理。一般来说，经理更多的是负责运营与实现目标方面的工作——确保公司能够正常运行，工作能够按照计划展开，按时实现目标，将成本控制在预算范围内。领袖更多关注的是战略思想与创新方面的问题，经常思考“我们要往哪个方向发展”或是“我们的团队还需要怎样的人才，才能够更进一步？”等问题。

如何领导你的团队

想成为优秀的团队领袖吗？想迅速高效地完成重要的工作吗？这一切要先从你的团队入手。你对团队成员了解越多，就越能激发他们。他们受到的激励越多，就越能取得更大的成绩。这一切都始于你的认真观察：他们都是哪种类型的人？什么东西才能激发他们的潜能？他们对什么东西感兴趣？了解这一切，将会帮你节省大量的时间与精力。

你需要制订清晰的目标与阶段性的目标，同时还要争取团队每个成员的支持。优秀的领袖能够始终保持清晰的思维，知道接下来该怎么做，该从哪些地方着手，哪些人应该负责哪些部分的工作。优秀的领袖还会制定一些开明的政策，让每位团队成员在舒适的环境下工作。他们会让团队成员感觉正在为某个比自己更重要的事业去努力。如何确保团队成员知道公司制订的目标与工作日程，并向他们展示这些项目对整个公司的重要性，完全取决于你的能力。

让复杂的谈话变得容易

到目前为止，我们已经谈论了很多与同事沟通的方式。高效的沟通能力是一项急需的领袖才能。沟通最重要的两个方面：如何处理冲突？你该怎样面对别人的批评？拥有解决沟通难题能力的人是很少见的。如果你掌握了这两方面的能力，必然能脱颖而出，成为一名真正的团队领袖。

学会接受批评。当人们给你反馈时，你要怀着宽容的心去聆听，不要因此感到烦恼。淡然面对批评的能力，说明你愿意不断提升自己。对某些人来说，一些批评可能比较尖锐，但绝不要让它们影响你前进的步伐。我知道当别人对我们做出负面评价时，我们会本能地采取抵御的心态——特别是当别人的批评毫无根据或缺乏建设性时，但在你将别人的批评当成耳边风之前，请认真考虑这些批评的声音是否有价值。

从批评中学习。如果别人的批评有一些道理（在绝大多数情况下，别人的批评都会有些根据），你就该思考如何从中学习。你可以扪心自问，要是你改变沟通的方式，会不会更好呢？如果给你重来的机会，你还会去做同样的事情吗？从别人的批评中学习的能力并不容易掌握，一旦掌握必然会引起经理与其他人的关注。

学会批评别人。随着你在公司内地位的不断提升，有时不可避免地需要进行一些批评。一些人喜欢突然对别人大发雷霆，似乎很想挫一下别人的威风，一定要把别人批评到泪奔才行。这些人都是缺乏情商的傻瓜，千万不要成为他们中的一员。将自己的观点表达出来，并不一定就要给别人造成伤害，而是要帮助接收信息的人不断提升自己。最好的方式就是用愉悦的口吻，找到对方身上值得赞扬的优点，指出对方身上的特别之处，接着再慢慢谈一些你关注的问题，记住在结束讨论之前，要回归到某些积极的事情上来。

如何成为优秀的产品经理

在一些情况下，硬技能与软技能是需要相互合作的。这也是产品管理中最为重要的部分。要想成为一名优秀的产品经理，你需要具有极强的组织能力，优选管理能力，制定待办事务的能力，还要将项目细分的工作委派到各个责任人身上，负责跟踪工作进展与项目截止日期——所有这些都属于硬技能。

但是，真正优秀的产品经理能让他的团队处于正常的工作状态，帮助他们解决遇到的困难，专注于眼前的工作；在他们感到沮丧的时候，给予他们鼓励，激发他们的协作能力，帮助他们实现之前不敢想象的目标——这些能力都属于软技能。这其中的秘密就是将复杂的事情分解为可以理解的东西。比方说，你给团队三周时间去完成一个项目，就需要知道第一周要做到什么程度，哪些人能够完成哪部分的工作。接着，你要思考第二周与第三周的项目进展情况。总之，你要在这个过程中定期检查团队成员的工作，了解工作进展，看看他们是否还需要一些额外的资源支持。

打造强大的人际网络与成为领导者是同步的。当同事们都尊重你，领导们都信任你的时候，你推动项目时就会顺手得多。你要将自己定位为领导者，而不是等待别人给你机会。让别人知道你愿意担责，同时向他们保证，他们对项目的成功也至关重要。当你通过第一个项目证明了自己的能力，就能巩固自己作为团队领头羊的地位，公司高层才会放心将更大的项目交给你负责。当你负责了更大的项目，就会得到更多的关注，承担更多的责任，收获全新的体验与人际关系，实现职场上的良性循环。

软技能会影响你人生的方方面面

软技能最好的一点就是它们并不仅仅适用于你的职场生涯。看似与工作相关的软技能也对你的个人生活很有帮助。我的一位叫比尔的朋友一想到要在陌生人面前讲话就感到无比紧张，但在参加演说培训班之后，他终于克服了对公众演说的恐惧，这不仅帮助他找到了工作，还提高了他与女生约会的能力。我的另外一位朋友亚当，在面对女性的时候非常害羞，举止笨拙，于是他强迫自己参加了约会培训课程，结果非常奏效。他在课堂上学习到了不少技能——如何与人聊天、如何展现出对他人的兴趣、如何看起来更自信——这些能力有助于他吸引更多的客户。当你结束了一天的工作之后，思考一下你在工作中学到了哪些能力，然后想办法将这些能力运用到生活的其他方面中去。

如果你有幸在谷歌公司工作，绝对要报名参加他们的“搜索自己”项目。在接受《纽约时报》的一次访谈中，谷歌公司领导学研究院副院长凯伦·梅表示：“我们有一群非常优秀的员工，该怎样留住他们呢？既关注技术性能力的培训，也关注如何提升他们的演讲与沟通能力，帮助他们了解自己对别人产生的影响，提升他们与团队合作的能力。”到目前为止，已经有超过一千名谷歌公司的员工接受了这样的培训，员工们得到了专注力、聆听能力、沟通技巧与自控力等方面的训练，培养了积极的心态，获得了成长。

正如我们之前谈到的，掌握软技能有很多方式。而最成功的人往往就是敢于冒险、尝试的人。在开始尝试的时候，你们可能会觉得非常困难。不过，当你尝试得越多，就能做得越好。

如何让其他人愿意与你一起工作

如果你正朝着领导职位前进，就要不断地培养与提升自己的软技能。除非你能很好地适应企业文化，成为优秀的团队成员，知道如何激励别人，否则你连成为提拔候选人的资格都没有。

从今天开始，你要更加留意别人对你的看法。你要想办法从经理那里得到关于你的软技能运用情况的反馈，每隔半年与经理一起检查自己是否在这些方面取得了进步——通常情况下，经理都能发现你在这方面存在的问题。

掌握强大的软技能可以为你敞开许多机会之门，让你更加擅长交际，与人建立起牢固的人际关系——这些关系有助于推动你的工作与个人生活。很少有人能完全靠自己的能力取得巨大的成就，他们的成功往往依靠团队的力量。如果你善于与团队成员培养建立积极的合作关系，拥有与团队成员一起克服棘手商业问题的能力，这样的名声传播出去之后，会有助于你打造自品牌，在公司内部不断获得提拔。

第四章

如何利用网络推销自己

PROMOTE YOURSELF

事实证明，社交媒体并不是将听众聚集在一起，好让你对他们大喊大叫或是将一些垃圾产品兜售给他们的场所。事实上，社交媒体代表着人性的基本需求，只是以数字在线的方式呈现出来而已。我们希望与他人保持联系，做出一些改变，希望感受到自身存在的重要性。我们希望找到一种归属感。没错，我们还希望能引领他人。

——塞弗·戈丁，《伊卡洛斯欺骗》作者

熟练掌握最著名的社交媒体，比如脸书、推特、领英、Google+、微博、微信等社交媒体，同时还对前沿趋势进行跟踪学习，这是我们走在时代前列的重要方式。我们可以建立强大的人际网络，方便自己更好地联系别人。不管你是想为公司的最新产品进行推广或是销售，还是打造自品牌，掌握社交媒体的技能都是极为重要的。拥有强大的自品牌会让你在工作中出类拔萃，增强别人对你的关注度，获得更多提升的机会。要是你将自身的工作能力与强大的社交媒体能力结合起来，就能够在任何经济环境下“安全着陆”并获得收益。

我是在大三的时候开始使用脸书的，现在世界上几乎每个人都会上脸书，脸书的出现对我们的社会产生了深远的影响。社交媒体得到了极为广泛的传播，即便是小孩子也有92%都已经会上这些社交媒体了。我们可以通过社交媒体与朋友、家人、同事或是平常在生活中遇到的人保持联系。即便是我认识的一些人在几年前拒绝注册脸书账户，现在也都在积极使用脸书这个社交媒体平台。因为在今天这个世界，几乎任何人都已经离不开社交媒体了。（在过去几年，推特将影星查理辛的尴尬采访视频广泛传播，甚至在埃及2011年的民众抗议活动中起到了重要的传播作用，推动了“阿拉伯之春”运动。）

推特是一个非常强大的工具，运用的好坏完全取决于个人。2012年，人们通过推特平台发布与传播信息，告知那些遭受超级飓风“桑迪”摧残的受害者到哪里找寻基本的食物与庇护所，告诉他们搜救失踪朋友与亲人的方法。另一方面，你在推特上看到的信息并非全部是真实的。在“泰克”风暴来袭的时候，华尔街的一位分析师就发布了一系列虚构的信息，宣称纽约证券交易所的水深已经有三尺，曼哈顿的电力设备全部中断。这位分析师后来被解雇，甚至司法部门也表示要对他进行控告。

追踪正确的信息源是很重要的。关注行业专家的推特可以让你了解行业的最新动态，明白思想领袖的想法。这些专家都是对某个行业非常了解的人，因为他们愿意分享自己的专业知识，所以你能够从他们那里学到很多东西。

拥有良好的社交媒体形象与大量的粉丝，能为你的事业增添许多价值。单纯从个人的角度来看，你在社交媒体上的人际网络可以增强你的工作效率，更快地了解最新的信息。从收获关注与打造个人工作品牌的角度来看，社交媒体能以各种方式帮助你的公司，这必然吸引你的经理与同事的关注。比方说，如果你的公司有一项重要的产品发布会，你可以在自己的社交媒体账号上发布这样的信息，为这场发布会赚取更多的关注度与讨论——你甚至可能因此得到一位全新的客户。如果一位顾客在推特上抱怨，而你恰好看到了他所写的内容，你可以让公关经理了解这些情况，解决这位客户的问题（如果你任凭负面消息不断发酵，不对其加以制止，这对你的公司将会很不利）。当你的公司想要招聘某些人才，你可以通过网络对特定的候选人进行评估，甚至还可以通过员工引荐项目赚到一笔钱。

你要将社交媒体视为一项资产，更好地构建你的事业。你建立的网络可以让你与认识的人保持沟通，也可以让你与陌生人建立全新的联系。正如我们在后面的章节里谈到的，你认识的人越多，就会发现更多的机会大门向你敞开。睿智地打造与运用你的社交媒体，将会让你在日后收获巨大的好处。

但是，你也要保持小心谨慎的态度，否则有可能给自己惹上麻烦。你可能听说过华盛顿的民主党众议员里奇·拉尔森的助手们用推特个人账号发布的一些内容，他们表示中午的时候坐在权力的中心位置，喝着杰克·丹尼，用纳税人的钱看涅槃乐队的视频，是一件非常酷的事情。现在，你们知道谁再也不会坐在权力中心的位置上了——这些助手从权力中心到深陷困境之间，只隔着一条一百四十字的推特文。

你对此有更加深入的了解吗？那么，当你只想点击回复一个人的时候，是否经常点击回复了所有人呢？这样的错误可能会让你处于非常尴尬的境地。

我们都犯过这样的错误。54% 的二十五岁以下的年轻人与超过 25% 的二十五岁以上的人都表示，他们为自己在网络上发布的一些内容感到后悔。在我看来，这个比例还是太低了。我相信那些说自己对过去发布的内容无所谓的人，要么是因为自己发布的东西没人关注，要么是还没有被发现。

我们生活在一个快节奏的世界，这也造成了我们很容易犯一些错误。遗憾的是，我们发布评论耗费的时间与评论产生的负面影响的时间是成反比的。换言之，你犯的一个最简单的错误，可能会产生严重或是异常持久的影响。

这就是现在很多企业投入大量金钱清除网络上影响企业声誉的内容的原因。管理者知道，一个企业在网络上的声誉关系着这家企业的存亡。

你的经理与同事会经常搜索公司的信息。你的线上生活与线下生活之间没有防火墙。现在，超过 85% 的企业已经使用社交媒体去对员工进行搜索——搜索的结果可能会作为提拔或是聘请新员工的一个参考。有 63% 的公司会利用脸书、推特、微博了解员工们在网上的一些不当言论。有 71% 的企业会观察员工运用社交媒体的情况。如果你希望事情朝好的方向发展，请认真思考这些事实。加特纳联合公司最新发布的一项研究报告显示，超过 60% 的公司计划在 2015 年前加大对员工使用社交媒体情况的窥探次数。这个研究报告传递出的核心思想是什么呢？总有无数双眼睛在看着你，发布内容的时候要小心。

当然，也不是所有人都在窥看你的信息。阿迪达斯体育公司战略计划资深经理斯蒂夫·福格蒂就不会做年轻员工所说的“窥探”的行为。他说：“只要员工做好本职工作就行，我对他们在人际交往或是社交媒体上的表现不是很关心。当然，如果他们做了一些对公司与品牌产生负面效果的行为，这肯定会给他们的职业生涯留下阴影。”但是，Paypal（一家总部在美国加利福尼亚州圣荷西市的互联网服务商）公司销售经理克里斯·佩特兰尼克则经常查看员工的社交媒体情况。他说：“我想要了解员工们的兴趣爱好，了解他们如何运用社交媒体去推销自己。归根结底，他们在社交媒体上的行为可以展现出我们这个团队的面貌。”还有一些经理甚至更进一步，竟然对员工们的社交网络的质量进行评估。SAP公司全球营销总监迈克尔·布伦纳说：“我与每个同事都在脸书、推特与领英等社交媒体上保持联系。我不会太看重那些在社交媒体上毫无人际圈的人，这代表他们没有影响力。”

不懂得运用网络会对你的事业发展产生不良的影响，这就好比你在与客户会面的时候穿着一件睡衣。老板会将你在社交媒体上的声誉视为公司品牌的直接反映。换言之，“你在网络上是谁就代表着你是谁”更深入一步则是“你在网络上是谁就代表着你的老板是谁”——无论在脸书、推特、微博、微信圈、个人博客或是公司的网站，都是如此。糟糕的网络声誉会带来诸多负面的影响，这意味着管控你的网络声誉已经成为你工作职能中不成文的规定。

但是，管控你的声誉并不只关乎你是否遭到解雇的问题。你在网络上的自品牌可以展现你在公司的地位以及个人才能，进而改变经理与同事对你的看法。打造你的网络自品牌，是推动个人事业发展最重要的工具之一。

打造你的网络自品牌

主动打造网络自品牌最好的方法，就是有针对性地发布一些与你想要取得的形象相关的内容。你可以将一些涉及工作方面的内容发布在推特或是个人的微博上，或是通过视频展示你们最新的项目成果。发布的这些内容，你的经理、同行业的从业人员以及全世界的人都可以看到。它们能让你在搜索引擎中名列前茅，在领英上的简历变得更加丰富，也会让你在企业内部的提拔过程中占据一定的优势。

创造、控制与管理个人声誉能够帮你打造理想的事业。如果你不持续地在社交媒体上发布内容，不添加相关博客的链接，不对他人的微博进行评论或是分享与工作相关的信息；如果你不愿意通过领英这个平台去拓宽人际网络，不经常更新在线简历，或是不知道搜索排行榜的热搜内容，就会眼睁睁地看着别人平地起高楼，被人远远地甩在身后。

年轻员工经常向我提这样一个问题：如果他们的目标只是想升职，为什么在工作之外打造自品牌如此重要呢？我的回答是：成为所在行业的公认专家会增加你对公司的价值。如果你的博客拥有大量点击率，如果人们愿意在你的博客里进行评论或是转载你的内容，如果你发布的文章出现在网络期刊或微信公众号上，你就可能受邀到圈子里发表演说，你的公司将会视你为专家，进而你会得到从事更高层次工作的机会。这一切都是顺理成章的。当你在网络上发布与分享内容，累积了一些名气之后，你就无须“假装”，而是一名货真价实的专家。当你定期进行收集与分析数据的工作，并将这样的结果转变成为你的网页内容，那么你将成为公司的宝贵资源。

“进入职场后，我最初参与的一个项目就是设计一个招聘博客，通过博客将英特尔公司的相关内容以及我们想要招聘的员工类型进行一番介绍。”英特尔公司社交媒体战略分析师塞贾尔·帕特尔说，“我加入了几个在线论坛与讨论群组。在我参加第一次的网络聊天之后，联系上了一位本地的招聘专业人士，她当时正准备写关于社交媒体与招聘方面的文章。她最后采访了我与我的经理，当然也在文章里提到了我们。几个月后，她邀请我参加一个讨论社交媒体与招聘的著名招聘会议！这有助于我们公司的品牌推广，也顺带推广了我的自品牌。”

戴尔电脑公司全球媒体服务主管杰森·杜迪跟我说了一个打造社交媒体声誉如何影响年轻员工事业发展的故事。他说：“我是在戴尔公司举办的一次社交媒体行业会议上遇到他的。那时，他的社交媒体经验并不多，甚至都不会发推特，刚刚拿到大学本科毕业证。会议期间，我们发现他对技术方面的东西几乎一无所知。不过，随着我们就社交媒体的谈话越来越深入，他对此渐渐产生了兴趣。这次会议之后，我们主要通过社交媒体保持联系。第二年，我们举办了同样的会议，邀请了很多之前参加过的人员，那位年轻人也是受邀人员之一。我惊讶地发现他已经熟练地掌握了各种社交媒体——只在一年的时间里，他的推特就有了数万粉丝，更为重要的是，他建立了一个以多媒体内容与播客发布为主的博客，博客的订阅用户超过了十万人。他对社交媒体技术的运用，让迈克尔·戴尔目瞪口呆。在那时，我正准备在团队里设立社交媒体项目经理这个职位，我立即发现这个家伙是最理想的人选。坦率地说，即便我那时没有设立那个职位，我还是会想到其他招聘他的办法。几个月前他加入了我的团队，现在已经大幅提升了我们公司在社交媒体上的影响力。”

利用你的自媒体让公司受益

博客、公众号不仅可以给你带来关注度，也能为你的公司吸引更多眼球。根据 Technorati 搜索引擎在 2009 年发布的一份研究报告，71% 的受访博主表示，他们的自媒体为公司带来了更多的关注度，有 63% 的客户通过阅读博客或公众号变成了实际的购买者。56% 的博主表示，他们的自媒体给公司平台带来了很大的流量。

创造你的网络身份

你已经有了一个邮箱账号——也许还不止一个，你肯定也有脸书、推特抑或微博、微信的账号。你可能还有领英与其他社交媒体的账号，但这只是开始而已。你的网络自品牌最关键的一个组成部分，就是你的网络身份。这不单纯是使用邮箱与社交媒体这么简单，整个过程都要与你的名字联系起来。既然我们谈论的是网络，那么你就应该有一个属于你的域名。下面我介绍一下创造你的网络身份的步骤。

注册你的个人域名。你的域名（www. 你的名字 .com）是打造你的网络声誉的核心部分。当某人对你进行搜索的时候，这个网站通常会出现在第一个搜索结果上。所以，你对这个域名网站控制得越好，对你就越有好处。你肯定不希望别人抢注了你的域名，之后为了得到与你真实名字相关的域名而被人大赚一笔（是的，这样的事情时常发生）。

即便在你并不打算创建个人网站的时候，也要注册一个属于你的域名（下面，我将会告诉你这样做的原因）。注册一个域名花费不多，一年大约只需十美元。注册域名最轻松的方法就是到 Godaddy.com 这个网站。

如果可能的话，你最好将自己的全名作为域名。比方说，如果你的名字是 Ben Smith ，那么你的域名就可以是 BenSmith.com。如果你的名字被人抢注了，就可以加入你的中间名字的首个字母的大写（如 BenRSmith.com），或者，你可以将自己的名字与工作职位联系起来（如 BenSmithPR.com）。这可以让别人不会认为其他的 Ben Smith 就是你。可见，掌控个人的自品牌并不是件容易的事。当然，你无须担心自己会与其他人混淆在一起。如果所有的 .com 类型的域名都没有了，你还可以注册 .ent 或是 .me 等类型的域名。

有选择地在社交媒体上发布自己的资料。比如在脸书、领英、推特或是 Google+、微信公众号上添加资料介绍，是创建你的网络身份最简单的方式，也是向别人推广自己的最好途径。在创建社交资料时，想要保持网络身份的一致性，就要让自己在各个不同社交媒体平台上的账户名称、头像与资料信息都保持一致。你可以将自己的域名添加上去，从而让自己与其他同名同姓的人区分开来（即便这个域名包括你的中间名字、首个字母的大写或是职业名称）。

需要特别注意的一点：我建议你们最好在不同的社交媒体平台上创建相同的资料信息。因为社交媒体上有很多名字相同的人，所以你想要的注册的名称可能已经被抢注了。这时，你可以上 KnowEm.com 这个网站，在注册的时候看看你的用户名是否可用。

一般情况下，你会在几大著名的社交平台——脸书、推特、领英、Google+、微博、微信——上注册账号，但你也需要注意自己的时间安排。一旦你填写了个人的社交媒体资料，就需要积极地参与其中。这意味着你最好每天更新状态，发布一些内容或是对别人的内容进行回应，了解别人对你的看法，等等。因此，如果你的时间有限，不要在多个社交媒体平台上注册账号。

脸书。脸书是世界上最大的社交媒体平台。如果将脸书比喻成一个国家的话，那么这是一个人口超过十亿的国家，是美国人口的三倍之多。在这十亿的用户当中，几乎有一半用户都是每天至少登录一次的。

如果你是脸书的高级用户，可以跳过下面这部分的内容。但是，因为我听到人们提到的最多的一个问题是“如何管理我在脸书上的个人与专业形象呢？”接下来，我希望花一些篇幅谈论这个问题。

我建议你将脸书上的资料当成个人的主页，同时创建一个粉丝页面（或是另一个资料介绍）用于推广你的职业形象。粉丝页面的操作方式与个人页面的方式是差不多的：你可以发布图片、视频、链接以及任何你认为有助于推广自品牌的内容。如果你将个人的资料设定为“仅朋友可见”，那么其他人只能看到你的粉丝页面。这是让你的公共生活与私人生活分离开来的安全办法。脸书上为创建粉丝页面提供了最详细的指引：可以登录 Facebook.com/pages/create.php.

如果你愿意，也可以只创建一份个人资料，将你的个人生活与职业生活结合起来，虽然这可能会带来一些风险。你只需要小心地将朋友与职场方面的人分在不同的功能组别就可以了。当你更新内容的时候，可以选择哪一组别的人可见，哪一组别的人不可见。一旦你建立了粉丝页面，要确保你的个人资料处于隐私状态。你可以进入隐私设定页面去进行相关设定：

1. 将你的系统默认隐私设置改为“仅朋友可见”。如果你已经将一些职场朋友加为脸书好友，可以告诉他们这样的改变，同时给他们发去你的粉丝页面链接。然后，将这些职场朋友从你的个人页面上取消好友关注。

2. 将你所有的联系设定改为“仅朋友可见”。

3. 不要让别人在你的照片上添加标签。贴标签会让你被所有人看到。因为你无法控制别人贴上什么样的标签，为什么要冒这样的风险呢？你只需要进入隐私菜单里找到时间轴与标记的设定，然后对标签进行设定，只有经过你同意的标签才会显示出来。

4. 将脸书平台上所有的应用程序、游戏或是网站广告都关掉。当然有些情况是例外的，我们将在下面谈到，因为那样会显得你很不专业。

5. 将可以看到你过去发布的内容的权限设定为“仅朋友可见”。如果你之前发布了一些不想让同事看到的内容，这样做能最大限度地降低不良的影响。另一种方法（可能会耗费一些时间）就是对每一条更新状态的进行隐私设定，或是对在你刚使用脸书时别人发布的一些评论进行隐私设定。到了万不得已的时候，你可以改变每条状态更新的日期，隐藏你的脸书，更新状态，或是完全注销脸书账号。

随着脸书引入了面板设置与标签功能，主动对个人隐私进行设定就显得更加重要了。如果你不这样做，系统会将你之前设定为隐私的内容默认为所有人可见——到时，你会突然发现自己与别人分享着你在大学时期的一些照片与内容！对我而言，肯定不想让客户看到自己过去的照片与状态更新！我花了三个小时认真检查了从 2004 年到 2006 年之间的每条内容，确保我的隐私得到保证。投入这些时间是很有必要的。之后，我对所有贴上了自己名字的内容与图片进行了设定，不让其他人在我更新的内容下评论。这让我能够完全掌控自己的个人资料。

我经常听到人们提到的另一个问题就是“我为什么要在脸书上打造自品牌呢？”这个问题的回答非常简单。你之所以要这样做，是因为你认识的每个人或是想要认识的人都在上面注册了社交账号。没错，这包括你的朋友与同事，同时也包括你的老板、招聘人员与潜在的商业合作伙伴，他们都想通过脸书这个平台（还有领英）去找寻适合他们公司的优秀人才。脸书是让别人了解你现状的一个极好的平台，可以让世界上所有人都知道你优秀的一面。下面几条小建议有助你更好地利用脸书面板去提升自品牌。

- 创建一个带有自品牌的背景图案。背景的尺寸是 840 像素宽乘以 310 像素高。你可以用 Photoshop 软件去修饰一些图片或是用自己的工作相片作为背景，告诉别人你的身份以及你所感兴趣的东西。你还可以创造性地将个人网址的链接放在图片上。
- 你可以进入 Facebook.com/about/timeline/apps 的页面去将一些应

用程序添加到你的面板上。这些应用程序可以让你的朋友与浏览者知道你的兴趣与爱好。我最喜欢的一个应用程序就是“华盛顿邮报社交阅读器”，它可以分享用户们最近阅读过的文章，使人了解到所处行业最新的新闻与进展。

• 你可以在特定功能状态里添加最让你感到自豪的内容。当别人进入到你的脸书主页时，能看到你取得的成绩。显然，这有助于推广你的自品牌。

在我们进入对 Google+ 使用的介绍之前，我希望你们能够注册属于自己的脸书账号（比如 Facebook.com/ 我的名字）。即便你现在没有心思去管理这个账号，但最好还是先注册了再说。你可以登录 http://facebook.com/usernames，这个网址查询用户名是否可用。这样做可以防止自己的名字被抢注，让别人更容易找到你。当你在其他网站宣传个人资料时，也会显得更专业一些。

你知道有多少同事在脸书上加你好友了吗?

社交媒体让这个世界仿佛变成了一座小镇，几乎每个人都知道别人所做的事情——即便是别人的私事，都有可能被他人所知道。所以，无论我们做什么事情，都要牢记一点，别人正在看着你。在这个小小的“城镇”里，各种传言会以极快的速度传播出去——让你根本没有控制的余地。

所以，当餐厅服务员不小心上错了你点的食物，你准备对他大发雷霆之前，或是当你与朋友喝得醉醺醺时，记住一点，你是否希望这些图片传到脸书上呢？只要想一下，公司的老板正坐在你的隔壁桌上，你会怎么做呢？你发布的图片必然会影响到他对你的印象。你可能会说，这不公平。是的，你的确有过私人生活的权利。但事实上，我们所生活的这个世界，发生的任何事情都会被传播，让无数人关注。

我甚至无法将我听到的许多可怕的事情一一复述下来——要么是愤怒的经理将某位因为工作之外犯错的员工解雇；要么是尴尬的年轻人因为在社交媒体上的犯错承受严重的后果。一位年轻人在 10 月 31 日请了病假，然后就去参加一场狂热的万圣节派对，打扮得像一位仙女，并将这些派对的照片发到脸书上。猜猜谁看到了这些照片？还有一些年轻女性在脸书主页上发布一些讨厌公司以及鄙视老板的言论，直到老板在她的主页下面评论说“你被解雇了！”时，才意识到自己原来已经加了老板为好友。真是太糟糕啦！

当然，社交媒体具有的这种“小镇”性质是有其优势的。如果你参加慈善或是志愿活动，写了一篇关于某方面的好文章，或是你在社区的戏剧创作方面做出了贡献，抑或你做了任何自己觉得非常棒的事情，都可以通过社交媒体平台让别人知道。

我的公司对超过四百万份脸书资料与来自 Identified.com 网站的五十个数据点进行了分析，发现年轻员工一般在脸书上都会与十六位同事保持联系，拥有接近七百位朋友。但是，只有 36% 的人设置“内容可见”，这意味着绝大多数人在使用脸书的时候都是将其当成个人信息的发布平台，同时也会分享他们在工作方面的一些情况。他们是时候将工作生活与私人生活分离开来了。

我们同时还发现，年轻员工一般都会在一年后离开目前的工作职位，这意味着你的朋友可能会在日后某个阶段成为你的同事。阿历克斯·里奥就遇到了这样的情况。里奥一开始是在汤普森·路透数字公司担任网页产品总监。他说：“我通过社交媒体认识了几位朋友，这最后促成了我到路透这里上班。这几位朋友都拥有非常优秀的能力，我们在网络上非常聊得来，在推特上的互动特别多。这让我后来到路透工作的时候变得非常轻松，因为我已经认识了一些人，并且喜欢这里的工作环境。”

Google+。谷歌公司研发的一个社交媒体平台。这个社交媒体平台可以让我们很轻松地将工作与娱乐分离开来。你可以设定许多“圈子”——自定义联系组别——让你可以控制哪些人可以看到哪些内容。你可以设定一个家人圈子，一个远足群，一个工作联系群，等等，然后按照你要发布的内容去决定哪些群组的人能够看到。你可以登录 https://plus.google.com 去注册。现在，Google+ 已经完全与谷歌搜索引擎算法结合起来了。如果你想要得到更多的关注，使用这个社交媒体平台会更好一些。下面是你在使用 Google+ 时需要注意的一些事项。

• 你拥有越多的关注人数（那些将你加为好友的人），别人搜索与你相关的话题时，你的更新状态就会越靠前。如果他们已经在关注你了，那么他们在输入你的名字时，搜索结果就会提前出来。

• 与脸书、推特一样，你可以在 Google+ 这个平台上看到其他人的更新状态。你还可以利用“+ 名字”标签与所在行业的其他人保持联系。当你对他们设定标签之后，就能最快掌握他们的更新状态。

• 与脸书不一样的是，你可以通过谷歌环聊软件去与好友圈的好友进行视频通话，更好地了解彼此。如果你们处在不同的地方——无论是在城镇的另一边还是世界的另一边——都可以自由地进行视频通话，这是非常好的一个功能。

• 与其他社交媒体平台一样，你在使用 Google+ 的时候也要谨慎。要是不小心将自己的公共形象与私人生活混在一起，这将比其他社交媒体给你带来更大的伤害。因为 Google+ 是谷歌的一部分，所以你将设定为“所有人可见”的内容发布上去之后，任何人都可以通过谷歌搜索到。

你知道自己的网络影响力评分吗？

你的网络影响力评分可以到 www.Klout.com 网站进行查询。影响力评分主要取决于两个因素：你在社交媒体上的粉丝数量以及你发布的内容获得的转发次数。你可以得到自己被认可的分数（可以到 www.identified.com 这个网站去查询），这主要根据你的受教育程度、工作经验以及网络影响力去评估你对雇主的吸引力有多大。现在，很多老板在决定解雇或是提拔员工的时候，除了根据他们平时的工作表现，这些分数也是他们考量的因素之一。提升你的网络影响力评分最好的办法，就是持续地创造出让别人愿意分享与做出反馈的优秀内容。

领英。领英是专注于职场的社交媒体平台。它是你拓展职场人脉的重要工具。一旦你发布了自己的资料，就可以与你认识的人产生联系。在此基础上，你可以接触到你认识的人所认识的人。你还可以搜索你想要了解的某个人，看看你们是否有共同关注的对象，从而更好地做自我介绍。与此同时，因为领英是当下使用最广泛的职场社交媒体平台，其他方面的专业人士可能也会在这个平台上找寻你，并与你取得联系。

与在脸书上的操作差不多，你一开始要注册属于你的注册用户名链接（比方：LinkedIn.com/in/ 你的名字）然后编辑你的个人资料。在页面的右边，你可以将个人的公共资料链接挂上去，最好用自己的域名。你要记住丰富自己的信息，确保你的公共资料正确无误，可以让那些与你没有任何“联系”的人看到。他人通常无法看到你的具体联系方式，只能通过领英研发的一款付费功能“InMail”系统去与你联系。下面是你在使用领英这个社交媒体平台时应该要注意的事项。

- 将你在领英上的资料视为充满生命气息的简历。只要你还在从事某项工作就可以在上面发布一些相关的信息。要是你赢得某个奖项或是得到了提拔，就将这个消息发布出去吧！要是你写了一篇与行业相关且非常有洞察力的文章，或是阅读了别人写的一篇好文，也赶紧发布出来吧！你贡献得越多，就会有越多人知道你。

- 你可以将领英社交平台视为职场指引，帮助你找寻同事等相关人员的更多信息，了解你在会议上遇到的人，对行业领袖有更多的认知。这个平台可以帮助你与他们进行更深入的交流，展现出你对他们的兴趣。

- 你可以到 LinkedIn.com/today 查看“今日领英”发布的新闻。我觉得这是领英社交平台上最有价值却也最容易被忽视的一个网页，因为新闻里有各种你关心的职场要闻，同时可以让你看到领英平台上分享最多的内容。

- 在领英社交媒体平台上，尽可能多地加入与工作领域或是相关行业的群组。领英限定最多只能加入五十个群组，但你加入的群组越多，别人了解你的可能性就越大，与你联系的人也就越多。在群组里要尽可能参与群组讨论，提出问题，分享知识，增加自己的关注度。

- 很多人在领英平台上忽视的一件事，就是没有将从前任老板或是同事那里得到的推荐或是表扬语展示出来。这些内容可以为你塑造优秀员工的形象。无论你是决定继续从事眼前这份工作，还是准备做出改变，这样做都很重要。最近，领英发布了一项全新的功能，可以让别人对你的某项技能进行赞美。这与脸书的“点赞”功能是差不多的。不需要长篇大论的解释，只需要一次简单的点击，就可以完成。别人给你的赞美能帮助你打造自品牌，当你获得的赞美越多，别人搜索你的职业技能时，你得到的关注就越多。

推特或微博。在这个平台上，你发的信息容量限制在一百四十字。这是你了解所在行业具有影响力人物的很好方式。如果你还没有账号，可以在官网上花五分钟去创建一个。一旦你完成登录之后，就可以通过话题、公司名字搜索其他用户，然后选择你关注的对象。你关注了别人，就可以看到别人发布的推特文或博文。推特和微博还可以帮助你与你所在行业的其他人联系起来。当你发布大量的有用信息、资源、事实、数据时，就会吸引一批粉丝，这就是你的网络资源。你可以将内容限制在工作领域，进而成为这方面的专家。与其他社交媒体平台一样，你最好用自己的全名与职业照片作为账号的名称与头像，这样其他人就能迅速找到你。下面是你在使用推特和微博时需要注意的事项。

• 创建个性化的背景，使之能更好地传递出你的身份与职业。你还可以在背景添加自己的一张大图片或是公司的标志，当然前提是公司允许你这样做。

• 你可以搜索你想要关注的行业内的某些人。记得要避免关注太多人，因为如果你一下子关注成百人上千人，很容易会让你的页面变得混乱。最好专注于少数你最感兴趣的人。你还可以使用 TweetBeep.

com 与 Hootsuite.com 网站提供的工具，在一个界面上管理你的多个社交媒体账号。你也可以使用这些工具去追踪提及你、你的行业或是任何你感兴趣的内容，同时还可以在多个社交媒体平台上管理自己的更新状态。

• 与粉丝以及你关注的人尽可能地进行互动，而不是经常发布一些空洞无物的内容。

• 你可以搜索或是参与一些你感兴趣的话题。你可以通过使用标签（#）加话题的方式去进行搜索。比方说，当你搜索 # 乔布斯 # 的时候，就会出现许多内容。你可以阅读这些内容，然后加入讨论。

如果你觉得自己在管理这么多社交媒体平台账号之余还有更多的精力，也可以在其他的社交媒体上创建自己的资料。ZoomInfo 这个网站是一个简单的职业数据库，YouTube 是世界上最著名的视频分享网站。你可以在上面发布与工作相关的视频甚至是简历。Quora.com 是可以让与志同道合的人或是特定行业的人联系起来的社交网络。Instagram 则可以让你用手机分享与编辑图片，然后与你在其他社交媒体平台上的朋友进行分享。Pinterest 则是一个著名的公告牌网站，你可以在上面“钉”下各种照片、视频或是其他内容，放在你的“钉板”上，同时可以分享给那些关注你的人。Foursquare 则可以让你通过智能手机告诉你认识的人自己所在的位置。

但是请记住一点：你要创建一个职业资料，这样做是为了推动你的事业发展。这意味着你需要对发布的内容保持谨慎的态度。

可以发布的内容：

• 你的能力

• 你的相关工作经验

• 你的主要成就

• 你的工作网站、博客或是视频的链接

• 你上传的任何内容的链接（可以是你的文章、评论或是博客发布等）

• 别人的推荐、赞扬与引荐话语（前提是得到当事人的同意）

不可以发布的内容：

• 私人的照片与视频

• 个人的往事

• 个人的怪癖

• 任何无助于你打造个人职业形象的事情。这意味着你不能将派对照片发上去，也不能将你喝了多少杯酒的内容发上去。

学会管理自己的自媒体内容

如果你说自己不会将喝酒的照片放上网络，就已经比绝大多数人聪明了。根据 MyMemory.com 在 2011 年的一份报告，许多英国脸书用户表示，在他们关注的朋友中，有四分之三的人都发布过与喝酒内容相关的照片。有 56% 的用户承认，他们之前发布过不想让同事看到的“喝酒照片”。你在网络上发布的哪些内容是你不想让同事看到的呢?

建立自己的网站

正如我之前提到的，一旦你拥有了域名，就应该创建个人网站。你的个人网站比任何社交媒体更能凸显你职业化的一面。如果有人在谷歌搜索你的名字，你的网站会出现在第一条搜索结果上，这为你向世人展现自己提供了一个绝佳的平台。你可以在个人网站上宣传自己取得的成就，掌握的技能。你还可以将自己得到的证书、奖项或是他人的赞美话语放上去。你可以将自己在视频网站上发布视频的链接添加上去，将你的博客或是任何你认为有用的网络资源放上去。这可以包括你的公司的信息以及相关的链接。当然，你也可以将自己的脸书、推特以及其他社交媒体平台上的链接添加上去。总而言之，这些信息要能够增强你的自品牌。

如果你对创建网站的成本担心，现在可以打消这样的顾虑了。你可以在不花一分钱的情况下创建个人的网站。诸如 WordPress.com、about.me、tumblr.com、google.site.com 以及其他网站都会提供免费的网站模板与虚拟主机，让你可以创建一个基本功能齐全的网站。但是，这些免费提供的服务有一个弊端，就是它们看上去都是千篇一律的，无法将你的特点凸显出来。所以，我建议你在一个免费的站点先占着坑，当你准备对此进行投资的时候，再创建一个有个性的网站。网站设计可能需要六百美元或是更多的钱（除非你自己有能力与条件这样做）。你还需要支付网络虚拟主机托管的费用（我推荐 Godaddy.com 与 Bluehost.com），一年的费用在五十美金至一百美金之间。但这些投资都是物有所值的：你正在为自己的事业进行重要的投资。你的网站就是你潜在雇主了解你的第一个途径。正如我们在第三章谈到的，你必须要给人留下良好的第一印象。

一旦你的个人网站上线之后，就需要经常进行更新。一个网站并不需要像社交媒体账号那样每天都更新，但你需要每周检查一次，发布一些最新的工作与信息情况。如果你使用谷歌分析工具（免费的），那么你就能知道谁访问了你的网站，他们是从哪一条最初的链接找到你的网站的（这是谷歌公司使用的搜索数据），他们浏览了你网站的哪些方面的内容，以及他们在你的网站浏览的时间。了解这些信息有助于你对网站进行调整，使之变得更加具有吸引力。如果你没有很多时间去更新你的网站，也可以安装一些免费或是廉价的软件，帮助你自动地将社交媒体账户上发布的内容同步到你的网站上。

搜索引擎优化（SEO）的基本内容

如果你想被人们视为专家，就要搜索一些与你的职业技能——而不是单纯搜索你的名字——相关的内容。决定搜索排位的一个因素——或者说你输入的关键搜索词——就是我们所说的搜索引擎优化。因为谷歌、必应、雅虎、百度以及其他搜索引擎的算法是极为复杂的，整个搜索行业都为如何控制搜索引擎的结果而进行竞争。市面上有很多书是专门讲述搜索引擎优化的，我们在这里不会详细谈论技术性的东西，但你需要了解搜索引擎优化的一些基本内容。

- **域名**。你可以输入关键词，比方说你的全名或是你想要表达的内容作为你的域名，当别人搜索这些关键词的时候，你的站点就会在搜索结果中排名靠前。

- **关键词**。你可以选择两到五个希望搜索引擎结果排名较前的关键词，然后在你的网站上设定这些关键词，包括你的网站名称以及博客发布的内容。要是你想了解月度搜索最多的关键词以及你的关键词的排名，可以上这个网站：

https：//adwords.google.com/select/keywordToolExternal

- **反向链接**。链接你的网站的站点越多，你在搜索结果的排名就越高。你要注重选择添加你链接的网站的数量与质量。如果你的网站有很好的内容，其他网站就会添加你的反向链接。当然，互链是提高双方流量的好办法。
- **关联性与权威性**。受人欢迎、点击量大且包含与你的网站相关的内容的网站要是添加你的网站链接，对你的搜索排名结果来说会更好。比方说，如果《纽约时报》的官方网站添加你的博客链接，这肯定会比其他网站添加你的链接更能提升你的搜索排名。
- **网页与社交媒体流量**。你的网站内容越受欢迎，越尽力去推广，获得的点击量就越多。点击量通常源于搜索引擎与社交媒体。

上面提到的内容点只不过是对如何优化你的网站搜索排名结果进行概述的。你做得越多，你的网站搜索排名就会越高。

创建个人博客

一旦你创建了个人网站，添加你的博客就变得很简单了。你可以到 WordPress.com 下载安装他们提供的网络托管软件。那个网站会提供简单的操作指引，可以让你创建一个个性化的博客，有助于你的网站推广。如果你不想创建网站，也可以到 WordPress.com 或是 Tumblr.com 下载简单的博客表格，建立一个免费的博客。但是，我推荐你们在这些方面做一些投资，进行个性化的博客页面设计，让你能够凸显出来。因为很多人都会使用相同的免费模板（按照 WordPress 的行话来说，就是相同的主题）。你真的想让自己的博客跟别人的博客完全一样吗？只需不到一百美元，你就能够获得一个独特的模板，可以让你按照自身的需求去进行设计。那你该在博客上写些什么呢？你最好专注于自己擅长或是感兴趣的某一个主题，然后坚持这样的写作方向。人们之所以阅读你的博客，是因为他们能够感受到你对某个职业的激情，重视你的洞察力，认为进入你的博客必然能够有所收获。如果你掌握了内部销售的能力，不要突然就去谈论公关方面的内容。如果你不是一位很好的写手，给你一点建议："谈论"你的观点，而不要按照作家的标准去做。不要太注重你在高中时期学习的一些语法或是句子的表达方式。你可以按照自己平时与朋友聊天的方式去写，告诉他们你知道的东西。成功的博主都不是考高分的人，但是他们能够在博客中表达自己真实的声音。博主将自己的热情与能量传递出去，才能让阅读博客的人感受到乐趣。当然，你要稍微留意单词的拼写以及基本的语法，因为你所写的内容代表着自品牌。

当然，即便你的博客做得很好，阅读性非常高，要是没有人点击，也毫无意义。这意味着你不仅要写博客，而且还要努力推广。你需要寻找一些博客或是网站添加你的博客链接。你的博客内容是关于人力资源方面的吗？那就试图让点击量最多的同类博客添加你的链接吧。你对互联网有所研究，就可以让 IT 方面比较受欢迎的网站或是博客添加你的链接。你对自己的博客定位要高，去找点击量最多的博客或网站，以提升你在谷歌搜索结果上的排名。怎样让对方乐意添加你的链接呢？要运用互惠法则，“负债感”是决定人们行为的重要触发特征之一，你可以在自己的博客和网站上推荐对方，在他们的文章或是博文下面进行一些评论，要让他们知道你能够提供什么。当他们看到你的诚意之后，一定会想办法去回馈你，这样关系就很容易建立。

你永远都不知道你的博客——或者说你的激情——会给你带来什么。布莱恩·斯泰尔特在上大一的时候，创建了一个专门追踪伊拉克战争新闻的博客。它受到了许多关注，甚至得到媒体网络公司 mediabistro.com 的垂青，该公司聘请他为公司拓展博客方面的事务。斯泰尔特说：“正是激情让我投身到博客上来，我每天体内都充盈着更新博客的动力。”

在你创建博客之前，我还要提醒一句：博客是需要激情驱动的。只有当博主心中怀着激情，才能留住粉丝。要是你的博客半年都没有更新过一次，自然不会有人点击。所以，如果你不能每周至少更新一次，最好还是不要开通博客。

成为内容制作人。最大化地拓展个人网络影响力的关键，就是要让展现个人价值的链接排在搜索结果的前列。要想做到这点，就要制作出很多别人想要搜索的内容。它们可以是博客帖子、微信公众号文章，当然也包括你发布在各大网站上的视频。任何能够展现你能力的专业文章都是可以发布的。你不知道该写什么或是发布什么？没关系，每个人都是某一方面的专家。你肯定也会发现自己比较擅长的方向。客户关系？市场营销？互联网趋势？ PPT 制作思路？演讲技巧？你的哪些深刻思想会引起行业其他人的关注呢？你在写博文的时候，要记住笼统的原则，千万不要将公司的秘密泄露出去。但是，你在写作过程中要将自己定位为行业专家,看看你能够给别人提供什么“东西”。也许,你是工作之外其他方面的专家，也可以推广自己这方面的名声。我在EMC公司从事产品营销方面工作的时候，就开始对工作外的东西——社交媒体——产生了浓厚的兴趣。我每周发十二篇博客文章，将我为自品牌拍摄的视频放上去，并为其他博客与在线杂志写文章。我的工作引起了《快公司》杂志的关注，他们将我称为社交媒体方面的专家。接下来，EMC公司的经理注意到了我，为我创立了公司第一个“社交媒体专家”的职位。也许，你在工作之外的兴趣、专长与公司某些方面的需求存在着关联。你是一位优秀的演说者吗？你擅长谈判吗？你是否熟练掌握某一门外语呢？利用网站去推广自己的专长与能力，也是向老板展示才华的一种方式。如果你擅长公众演说，可以将自己在某些场合演说的视频发布到个人网站上。如果谈判是你的强项，也可以将成功谈判的案例发到网上去。如果你熟练掌握某一门外语，可以将自己在某个商业情境下与人交谈的视频发上去，或是将相关的语言技能展示出来（你能进行同声传译吗？你擅长商业文案翻译吗？你可以对国外的旅行者进行文化方面的培训吗？）。利用你的人际关系圈子与公司的内部网络去搜索公司内部的机会，看看你是否可以运用这些技能为公司增值。你可以到自己最喜欢的一些博客进行定期的评论，可以就一些与你工作相关的文章进行探讨。你可以在亚马逊、豆瓣等读书网站上，对一些与你工作相关的书籍进行点评，吸引其他与你有相同兴趣的人的关注。你要确保自己的评论经过深思熟虑，能为彼此间的谈话增值。

发布评论也是为专业网站或是杂志进行写作，是让别人知道你是某方面专家的极好方式。你可以进入自己喜欢的一些网站，如Quora（一个问答 SNS 网站）或知乎，选择感兴趣的问题进行回复。一旦你在某个领域发布足够多的文章或专栏内容，就可以吸引到关注该领域的受众，形成有黏度的粉丝群。通过用心的经营，你将有机会获得邀约，在行业论坛上发言，甚至引来出版商跟你商议合作书稿。

• 你可以订阅与行业内容相关的博客或是新闻客户端。其中最好的一个方法就是使用谷歌的提醒服务，这是一项非常方便的服务，可以将任何符合你设定搜索参数的邮件或是信息都发送过来。

• 你可以使用 OneNote 或是印象笔记等记事软件，将搜寻的结果整理起来。然后，你可以运用这些新闻资源创造与更新你的在线内容。

• 管理你的推特、微博以及其他社交网络平台。诸如 Tweetbeep 与 Hootsuit 等工具可以让你的多个社交媒体平台都集中在一起，方便管理。

• 你可以上 SocialMention 网站，这个网站可以让你实时看到别人对你以及你的文章发布的评论。

创造这些内容是为了帮助你在搜索引擎上获得更多的关注度。你发布的内容越多，在搜索结果的排名上就越靠前。当别人搜索你的名字或是你曾经发布的内容时，相关内容就会迅速出现，但你不能单纯局限于创造内容，还需要努力宣传它们，吸引更多人点击你的文章，因为点击量也能提升你的排名。点击查看你的内容的人越多，它们在搜索引擎的排名就越靠前。所以，每当你发布全新的内容时，最好要运用已有的一切网络资源——包括你的网站、博客、社交媒体账号——让更多人了解你。

与时俱进：更新，更新，再更新！

到目前为止，我们已经谈论了如何创造内容，但创造只是一个开始而已，管理你的内容同样非常重要。因为内容具有时效性才是有用的。在当下的网络世界，新闻像野火一样传播，阅读的内容在不断发生改变，很多新冒出来的专家都会想尽办法吸引粉丝的眼球。所以，对“当下”的定义可以是现在、一小时前、今天、昨天或是上周。如果你将几年前发生的事情发布上去，就可能变成远古的“恐龙”，很快就没有点击率与关注度。搜索引擎的结果就可以反映出这点。当你经常更新自己的页面信息，将一些最新的信息发布上去，那么搜索引擎就会注意到，你的站点就会在搜索排名上大幅靠前。搜索引擎呈现的结果，一般都会包括你的发布时间。一些人总喜欢“走捷径”——根本不愿意浏览一周、一个月或是一年前的内容，而有些人则对此不是很在意。因此，当下很多人都将发布内容的时间隐去，时下流行这样的做法，目的是能给人一种印象：所发布的内容都是最新的。如果你发布的内容很受欢迎，但更新次数很少，就要试着改进。要是你发布的一些信息看上去是最新的但内容非常老旧，就可能会严重影响你的可信度。

我每天醒来后都会浏览一遍在线新闻，找寻与我的研究相关的最新信息。花费的这些时间给我带来了巨大的回报。每天，我都有海量信息可以和关注我的网友分享——他们也非常感激我每天更新内容。每当我了解到什么新鲜“战报”，都会及时更新，否则就丧失了时效性。现在，我受邀参加了许多会议，与行业权威们讨论各种大趋势。我的同事都知道，他们可以从我这里得到最新的可靠信息。而我只要发现了有用的信息，就会对它们进行整理，下一次需要再利用时，就能迅速地找到，节省了大量的时间。

所以，我建议你们也这样做。每天早起一个小时，浏览与行业相关的信息。你投入的时间越多，就能找到越多有用的信息。下面是帮助你保持发布具有时效性且相关性的内容的建议。

• 确保你所发布的所有信息都是最新的。发布的这些信息要能够反映出你最新的工作进展与最近的思想。比方说，随着你的事业不断发展，要确保你在领英社交媒体平台上的资料与博客同步更新，从而与你现在的工作职位或是成就保持一致。

• 确保你设置的关键词与标签与时俱进。新趋势会发生变化，你要确保发布的内容以及关键词能够反映出你所在行业的最新思想，从而让别人在搜索时能立即找到。

• 你可以使用月度的更新提醒软件。这可以是纸质的日历，可以是手机的日历，或是任何能够对你有用的工具。最为重要的，就是真正地执行。

你认识的人比“简历”更重要

现在的职场再也不是老一辈的那个职场了，但有些东西没有发生改变：真正重要的，不是你知道什么，而是你认识什么人。在当下这个时代，情况更是如此。真正帮助你敞开机会大门的，还是鲜活的人，而不是死板的简历。

发生改变的是你能够接触到的人。随着网络的发展，你现在可以与许多人进行联系，这些人可以帮你找寻机会，让你与负责招聘的人对接上，帮你写一些推荐信或是帮你说一些好话。从个人事业发展层面来看，这个世界的确变成了一个地球村。很多公司都在世界范围内找寻优秀的人才，而且他们现在也已经这样做了。这意味着即便你想在公司内部得到发展，其实都在与世界上其他优秀的人才进行竞争。因此，你需要充分地利用网络去实现自己的目标。

你在网络上发布的内容，能向别人展示出你是适合某项工作的最优人选。你的网络人际关系可以让你抢在别人前面掌握这些资源。

创建一个线上简历。高潜力的员工每时每刻都在找寻下一个机会，这意味着你需要随时都准备好简历——它是动态的，里面有讲述你个人能力的各种网络链接，并且始终保持着最新的更新状态。你可以向过去的word文档说再见了！真正具有吸引力的都是线上简历。事实上，你在领英社交媒体平台上的资料与你的多媒体内容结合起来，才是你最具竞争力的简历。

现在，让我们重新回到领英社交媒体平台上来，你要确保做到：

- 将自己宣传成为一名专家，而不是普通的员工。你绝不能单纯地将自己的工作范围写出来，而要描述你的工作经验与专业技能。你真正擅长哪些方面的工作？你取得过哪些成就？你能够为公司带来怎样的价值？
- 你可以恳求现任或是前任的经理、团队成员以及客户帮你说几句赞美的话，在征得他们的同意之后放到网络上。在此，你要先告知他们这些言语是用于发布个人资料的。如果你的现任经理与同事认为你这样做是想跳槽，那么他们可能会拒绝，以免竞争对手将你挖过去。

你要让他们知道你的目的，以及能给他们带来什么好处，解释他们的评论对你们公司来说也是一份资产。

• 你可以添加个人网站、博客、微博、YouTube 网站上的视频，以及其他专业性内容的链接，以便让你的个人形象更丰满。

你首先该与哪些人拓展人际关系呢？从公司内部开始吧。即便现在没有出现职位空缺，经理们始终都希望招聘到优秀的人才。所以，你可以利用在线网络与公司内部网络去与其他部门的同事进行联系。这些联系可以帮助你提前了解职位空缺的信息，让你知道经理想要招聘什么样的人才。你可以自问："在我的公司里，谁能帮我不断前进呢？"你可以利用自己的人际网络与负责这个项目的经理进行联系。你希望加入另一个部门？你可以通过双方熟悉的中间人帮你介绍，将你的相关信息发给对方。

在你这样做之前，要事先跟经理说清楚，绝不能背着经理行事。一旦被经理发现了，你会面临严重的后果。如果你之前还没有与经理谈过个人的发展规划，现在就要这样做了。你可以告诉他，你希望在公司里做出怎样的成绩，向他寻求实现你的一些目标的建议。理想情况下，他会帮你如何在公司内发展进行一番规划，告诉你从事哪些项目或是进入哪个部门更有助于你获得所需的经验与名声。经理还会帮助你拓展人际关系。一旦他知道你的目标，就懂得该怎样帮助你与别人产生联系，给你接触这些人的最好建议。因为这样做同样有助于他实现目标，下属获得成长才能辅佐他的事业往上提升。当你展现出才华时，他的能力也就凸显出来了。如果你的经理很优秀，这就是他会帮助你前进的原因。当然，正如我们在第一章里谈到的，并不是所有经理都有这样开放的心态。一些经理认为员工的成长会威胁到自己，或是担心自己的部门失去优秀的人才。他们不会支持你的发展计划，也不会给你提供相关的人际关系支持。如果你遇到这样的上司，就不能与他分享太多自己的想法，你只需谈论自己在部门内的目标就好。你也不能过分明显地进行人际交往，让经理认为你是在为找寻下一份工作做准备。与此同时，你要努力找寻其他你想要为之工作的经理与部门。如果你的经理始终限制着你，你很难进步。

外部的人际网络：学会打造你的专业能力。即便你的目标是想成为目前这家公司的高层，你也要结识公司外的资源。原因很简单，你永远都不知这会带来怎样的机会。公司外面的某个人可能知道你公司另一个部门从事的某个项目或是存在某个机会。更重要的是，与人交际并不完全是为了找寻机会，更重要的是提升你的个人能力、开阔眼界。这个世界有很多人都比你懂的多，他们能够成为你的导师，帮助你更好地进步。所以，你要努力找寻这些人。

领英：打造你的人际网络的重要平台

一旦你将个人的联系方式添加到资料上，就要点击网页工具栏下面的联系人选项卡，查看你的网络联系覆盖面。你可能会发现，通过自己联系人的交际网，你的人际网络所覆盖的人数已经有上百万了。如果你希望这个覆盖的数字更多一些，可以搜索你的同事、大学同学或是任何你认为应该联系的人。通过“你可能认识的人”的建议功能，你能极大地拓展自己的职场交际圈。

你还可以请求前任或是现任经理给你提供推荐信与引荐介绍，丰富你的领英页面。如果你用的是苹果手机，可以下载领英 CardMunch 应用程序。它会自动将别人的职场名片加入你的领英联系人列表里，每当你参加会议或是收到别人的名片时，都可以将其添加进去。

争取更多与他人面谈的机会。拥有广泛的在线人际网络是非常不错的，但有时面对面的交谈非常必要。如果你的老板更愿意接受现实中的握手言谈，那么你可以亲自问他是否可以在领英上添加你。当你与老板谈论你的事业发展计划，请求他将你介绍给另一位经理时，你需要当面交流，这样你才能更好地阐述理由。如果你想要会面的人比较“老派”，可以让介绍人安排一个饭局，而不是在领英上进行介绍。网络上有很多交流工具，但对工作来说，这些工具并不总是最适合的。

打造你的影响力。你希望别人关注你的推特与微博，但你更希望他们能将你的内容转发出去，在他们的社交圈中引用你的话语，将你视为某个领域的专家。收获这样的影响力并非一朝一夕就能做到。这意味着你需要长期坚持创造与发布内容，这样的回报是巨大的。当重视你价值的人越来越多，你的人际网络就会变得越来越宽广，得到的机会就会越多，你控制自己事业的能力就越强。

利用视频推广自己

对某些人来说，一想到要站在摄像机面前，就会焦虑不安，但这样做效果非常好。你可以在视频中专注于讲述自己的看法，而不是将焦点集中在自己身上。你是否成功地完成了某个项目？你是客户关系管理方面的奇才吗？你的 PPT 演说能力是否经常得到他人的赞扬？你可以搜集自己以及公司的一些图片、幻灯片、剪贴画或是网页图像（如果不是属于你的东西，记得要事先得到别人的允许），用视频剪辑软件进行剪辑，加上简略的文字介绍。做好之后，你可以将其放到个人主页或其他视频网站上，而不需要自己亲自露面。

记住，你不一定要站在摄像机前拍摄才能推广自品牌。HubSpot 首席执行官布莱恩·哈里根跟我分享了一个案例。他说："丽贝卡在波士顿大学读完大三的时候，我们让她过来进行暑期实习。她的任务是制作出我们公司的第一个'病毒视频'。她运用了不同寻常的制作方法，将艾兰妮丝·莫里塞特的歌曲融入进去，使之变成了一首极客营销式的歌曲，最后在 YouTube 视频网站上火了一把。她的那个视频做得非常好，我们在她毕业后马上雇用了她。"

该做的与不该做的

无论你使用哪一种社交媒体，都要遵循一些行为准则。很多看上去非常聪明的人，经常会犯些愚蠢的错误。所以，当你进入社交媒体之前，最好要记住下面几点：

- **不要说自己公司、老板及同事的坏话。**

比如，在其他人的页面下面评论说自己公司的年终奖少得可怜。马克·雅克布国际服装公司的一名实习生在自己工作的最后一天，发推特文形容自己的老板："祝你好运！我会为你祈祷的……因为我已经要闪人了！罗伯特，你就是个暴君！"他还对老板做了其他方面的评论，但事情并没就此结束，这篇推特文被很多人转发，让他很难找到下家。

- **不要发布你所在公司的保密信息。**

  这包括：

  - 不要发布职位空缺的信息。
  - 公司薪酬（包括你的薪酬）。
  - 企业收购与兼并方面的信息。你的一条看似无关紧要的推特文，可能会像病毒传遍整个社交媒体，最后在主流媒体的新闻上播出来——当然，新闻肯定会提到你的名字。
  - 办公室秘密、八卦以及流言。
  - 一些你不完全了解的事实。还记得好莱坞影星艾什顿·库切与发生在宾州的性丑闻事件吗？库切在了解事实——帕特诺教练长期以来一直掩盖助理教练的性虐待丑闻——之前，就发推特文支持他。当他的粉丝齐声表达愤怒的时候，库切终于澄清了自己的立场，但他的每一次澄清都会让自己更深地陷进去。最后，他在推特上连续发推特文"完全收回之前的言论！当时还不清楚全部的事实！""从现在开始，我将停止更新！"

- **不要发布任何你不想在法院上见到的内容。**

任何内容都可能会被转发，即便是你的个人邮件也是如此。所以，千万不要冒这样的风险！你准备向最亲密的朋友发送你对同事进行尖刻批评的邮件吗？还是先放下吧，几个小时后，你的这些想法就会烟消云散。

五个禁忌：政治、阶层、种族、性别与宗教

像远离病毒那样远离这些话题。讨论这些话题只会惹祸上身。相信我，我也曾吃过这样的苦头。几年前，我读了一篇有关总统候选人罗恩·保罗的文章，然后将它分享到我的脸书粉丝页面。几分钟后，我收到了这样的评论："你为什么要分享这些垃圾？""你什么时候变身政治专家了？""我很讨厌罗恩·保罗，也很烦你支持他。"我竟然不知不觉中给了别人不喜欢我的理由！我的粉丝希望我能够写一些关于自品牌的文章，而不是政治八卦。他们的评论是对的，我擅长的是提供职场方面的建议，而不是对哪位政客指手画脚。我很快就明白，不能在我的脸书页面上讨论危险的话题。

- **多与粉丝互动**。你发博客或是评论，并不只是为了让自己开心。这样的话，没有人愿意跟你互动。千万不要在评论中言之无物，而只留下名字以及网站链接，这会惹人反感。要让别人与你互动的时间具有价值。

- **可以向别人提供中肯的建议与免费的见解**。你给予的越多，就会有越多人找你寻求建议。当找你寻求建议的人越来越多，你对老板的价值就会越来越大。

- **认真检查所写的任何内容，确保展现最好的自己**。这意味着你要准确地拼写单词，注意断句与语法方面的细节。如果你不擅长这些，可以在发布之前，请专业的朋友帮你把关。

- **记住宣传你的公司**。你的公司最近是否搞促销呢？你是否刚刚得到一些好消息呢？你可以在个人网站与社交媒体平台上发布出去。

当然，首先要与部门经理沟通，确保你的这些推广是合适的。

- **在平台上多推广别人**。没有谁能单枪匹马在职场中取得成功，即便是私人企业家都需要依赖研究人员提供的数据，他们需要助手的支持，需要经理帮助他们克服障碍。记得要感谢那些支持过你的人。千万不要表现得假惺惺或是像获得奥斯卡奖的演员那样说客套话。在恰当的时候真诚地表达对他人的感谢，会给对方留下更好的印象。

- **学着寻求他人的帮助**。有了社交媒体平台，你无须知道所有事情——也不需要向老板提愚蠢的问题。当你在工作中遇到难题时，可以充分利用网络的优势去求助。我在 EMC 公司工作时就明白了这点。当我在某个项目上遇到瓶颈就会将困惑发到推特上（当然，没有透露敏感信息）。不到一个小时，我收到了数百条回复。这节省了我很多时间，有助于我在工作中更好地维护自己的声誉。我不想花时间去瞎猜、研究，最终导致糟糕的工作结果。最后，老板赞扬我在工作上很有创新精神。

- **在社交媒体上分享自己的故事**。不要觉得害羞，获得关注与提升自己在搜索引擎上的排名的最好办法之一，就是引发媒体的报道。你的粉丝一般阅读哪方面的报纸杂志呢？一般喜欢浏览哪类博客呢？一旦你找准了特定的媒介产品，就可以很好地解决这些问题，将你觉得最适合的内容分享给粉丝看。可以根据他们的喜好改善自己的写作风格。很多杂志（包括纸质与在线的）都会为写手提供一些指引，告知你怎样准备与提交文章。如果你找到的出版媒介没有提供这一类型的信息，你可以搜索他们网站的联系方式，以便了解你该怎样递交文章。你要准备好所提交文章的简短总结，还要附上关键词与引人注目的标题。一开始，你可以在小型媒体上试试身手，一旦有了经验，在向其他大型出版物投稿时，可以将你之前文章的链接添加上去。

要对内容发布有所克制

有 73% 的老板认为，员工在社交媒体上过分地分享了一些内容。我在 EMC 公司工作的时候，一位同事制作了与人力资源相关的视频，然后发布在 Youtube 视频网站上。他发布的视频内容并不是关于 EMC 的，但一位同事看到后，将其发到了人力资源部门，继而又抄送给了公司的法务部，法务部认为视频中的某段内容涉及公司的专利内容。最后，这位员工虽然保住了工作，但也引发了很多负面影响。从中可得出一个教训：在你发布博客、评论、写文章、上传视频或是制作任何公开内容时，要确保它们是公司可接受的——因为有些内容可能你认为绝对安全，但公司的经理与律师并不认为如此。

下面是你避免过度曝光的几点建议：

- **学会研究公司政策**。很多公司都有社交媒体使用方面的规定。这些规定可能很简单，只是要求你在所发布的内容附上免责声明："文章表达的观点与意见只代表我个人，与所供职的公司无关。"或是长篇大论的详细规定，将一些细节的限制都表述出来。所以，在你发布之前，记住审核文章是否符合公司的规定。
- **亲自与老板交流**。当面交流不仅是礼貌的做法，也是聪明的举动。你可以这样问：我可以在网上发表文章吗？这些内容在发布前是否要经过公司审核？你最好事先了解所有细节，这要比事后恳求他人的原谅更好一些。

- **内容要笼统化，不要刻意爆料**。别让所写的内容太过具体，即便没有涉及公司机密，依然可以让发布的内容具有价值。你可以讨论所在行业的发展趋势，为相关的话题提供独特的观点，对一些行业新闻进行评论，向其他的专业人士提供建议。不要谈论你今天做了什么。记住，你不是一位调查记者，只是一位评论者。你可以自由地分析别人挖掘出来的独家新闻，但不要以自己的名义爆内幕。

- **需要的时候学会说不**。你讨厌拒绝来自《时代》周刊的采访请求，但如果你的公司说："对不起，这是资深高管要做的。"你不得不妥协。

当个人生活与职场产生冲突时

我的一位朋友是兼职男模，经常出现在时尚杂志上，但他不希望老板与同事知道。与此同时，他想在个人网站上进行自我推广，让潜在的客户能找到他。他该如何创造一个同事找不到的社交媒体平台呢？我建议他在任何涉及网络模特的内容上，只使用自己的姓氏或是绰号，但这样风险依旧很高。怎样处理工作与个人生活的冲突？

- **你需要决定界限到底在哪里**。在发布任何内容之前——不论是在社交网络、脸书粉丝页面或是微博、微信朋友圈——你都要自问，是否想让同事与经理看到这些内容？有些时候，即便你已经很小心，但他们还是有可能看到，所以你对此存疑时，就不要发布这些内容。

- **创建可选择的个人资料**。如果你决定发布一些不涉及工作的个人内容，可以只用自己的姓氏、绰号或是笔名。同时，你要将可以确定你身份的信息（还有图片）都删掉，同时限制同行和同事看到你的这些内容。

- **坦诚地面对经理**。如果你发布的一些“不专业”内容已经出现在网络上，要向老板坦诚相告。他宁愿你亲口告知，也不想从其他人口中了解到。

如何修复不良的名声

莱恩·米内尔创建了一个脸书群组，并在上面发布了许多反对校园同性恋联盟的内容。他曾在公开场合发表对同性恋的侮辱性言论。大学毕业后，他的思想成熟起来了，观点也发生了改变。他说：“我当时的做法错误至极，发表的言论真是恬不知耻。我恳求能够得到原谅。”遗憾的是，媒体对他在大学时期发表的言论的持续关注让他深陷旋涡。他说：“我永远出现在谷歌搜索结果上，找不到工作，甚至因为这事失去了很好的机会。每当我提交一份全新的简历的时候，都会感到难以名状的恐惧感，我会想 HR 是否会在谷歌上搜索我的名字，然后将我的简历扔进废纸篓。现在，我只期望某位雇主相信我已经彻底改变，日后再也不会发表那样的言论了。”

看完这个故事，你可能会为莱恩感到遗憾，他能否修复自己的名声呢？更重要的是，如果网络上出现了一些抹黑你声誉的言论，你该怎么办呢？下面几种方法，能帮助你最大限度地削减这些言论带来的影响。

- **留心观察**。你不能将文章发到网上后就期望能有好结果。无论你是发表文章、微博或是更新脸书的状态，都要留意其他人的反应。

你每天都要登录检查，看看收到了怎样的反馈，确保一切都朝着良性方向发展。如果你发现一些不良的端倪，要立即采取修正措施。

这也是我的经验之谈。我在 EMC 公司刚就任社交媒体专家时，经常就如何在职场上取得成功发表一些个人看法。我知道自己不能在工作期间发推特，但我希望能够经常更新。于是，我提前写好了许多推特文，设定每隔三个小时发布一条。我没想到这样做带来的后果。公司的一位同事散布流言，说我每天都在上班时间发推特！幸运的是，因为我经常查看推特的信息流，立即发现了这个问题，迅速向我的经理进行解释，说我设置了自动推送。几天后，这件让我神经紧张的事终于平息了。幸好我迅速对自己的错误进行了处理，才没有让事态变得严重。无论你犯了哪些方面的错误，都要勇敢地去解决。你需要立即承认它，发布一个修正或是道歉的信件，讲述自己从这件事情上得到的教训。运用得当的改正方法还能帮你赢得更多的支持。

- **寻求解决之道**。有时，你并没有犯错，而是某些人发布了一些与你相关的不实信息。千万不要让它们继续传播下去。每当有人搜索你的名字时，他们都会立即看到这些错误信息。不断逃避并不能让这些信息消失。绝大多数站点都不想为报道虚假信息摊上法律责任，所以他们都会主动将错误的内容删除。如果这没达到你想要的效果，千万不要大发雷霆，只需用更多的事实与资源去改正这些错误。这样做不仅可以修正别人之前对你所持的错误看法，还能让你站在道德制高点上。

- **创造一个屏障**。如果你无法解决一些负面影响，或是要做很多工作才能消除这些影响，最好的办法就是在网络上发布更多关于自己的正面消息与事实。这样负面新闻就会在搜索结果中“沉底”。你发布的内容越多，负面消息出现的可能性就越低。

- **坦诚地向老板交代清楚**。正如我们之前说过，如果你在网络上有什么不良声誉，你的老板很可能会知道。所以，最好在他了解之前就告诉他，这可能会让你感到很尴尬，但要比他从别人口中知道更好一些。

- **寻求保护**。现在，有一些网站可以帮助你保护自己的网络形象。Reputation.com、Secure.me 以及其他网站都会提醒相关发布内容存在危险，为你提供可能的解救手段。你可以到这些网站上注册一个账号。

还记得安东尼·魏纳吗？这位纽约州众议员曾给自己在社交媒体上的一位粉丝发了张低俗照，最后造成的影响让他疲于奔命。大家相信他没发过这样的照片吗？他是否发过还重要吗？这家伙的余生都会受这件丑闻的影响。所以，我们要对网络的强大力量抱有敬畏之心，一次不假思索的点击发送可能会带来严重的后果。

社交媒体与世代隔阂

你的社交媒体能力可能要比上一代人更强一些，而你现在有可能正在或即将为上一代人工作。虽然关于两代人在使用科技方面的差异存在着很多讨论，但我觉得社交媒体是弥合这种差异的最好平台。我有机会与思科集团的斯科特·西姆金以及卡洛斯·多明戈斯进行交谈。斯科特是该公司移动应用部门的一位年轻的经理，卡洛斯则是董事长与首席执行官办公室的高级副总裁。斯科特对我说，他会运用社交媒体与客户联络。他说：“在我每天的工作当中，大约有 50% 至

75% 的时间都用于社交媒体营销，我已经在推特、脸书、Google+、Slideshare、微信等重要的社交媒体平台上积累了数十万粉丝。我利用这些平台与客户、合作伙伴进行交流，与多位具有影响力的博主沟通，向他们展示我们的产品，或是让他们与我们的技术专家联系。我要感谢推特与脸书上的粉丝，是他们让我不断进步。”

斯科特必须要克服一些阻力，这些阻力源于公司高层对社交媒体使用的抵触。最后，他成功争取到了卡洛斯的支持。卡洛斯说：“我们这一代人绝大多数都是50后，身处领导层，却并不习惯使用新技术，会说它们是小孩子的玩意。一方面，像斯科特这样的年轻人证明了社交媒体带来的好处与便利；另一方面，年长的一代人对这些全新科技依然心存恐惧，多少会有点抵触情绪。”

虽然斯科特必须要努力说服高级副总裁以及部门总监，但他最后还是对卡洛斯的开明态度表达了感激之情。他说：“得到上级的支持与认可，这对开展我的工作非常有好处。这个世界的法则正在发生着深刻变革。像我这样的年轻员工正努力利用社交媒体带来的好处，将他们推到食物链的顶层。很多不愿意拥抱技术革新的高管很快就会过时。”

利用社交媒体去获得成功

网络已经变成了一个全球人才库，这意味着你在事业发展过程中遇到的很多机会都是通过社交网络提供的，而不是“现实生活”中出现的。社交媒体能让你接触过去根本无法接触到的人，让你能够利用交流的便利性去联系很多可以推动你事业发展的人。社交媒体不仅会让你与同事的关系更融洽，也能拓展你在工作之外的人际圈子。网络与社交媒体可以让你从许多专家那里获得深刻的洞见，掌握一些有用的技能。要是没有这些社交媒体平台，你该怎样去向理查德·布兰森、斯蒂夫·卡斯以及其他重量级的商业人物学习与互动呢？你并不需要大费周章去寻求怎么与他们联系，他们就在这些社交媒体上。

同时，网络还让我们解决问题以及了解行业新闻与动态变得更容易。你将遭遇的难题发布在社交媒体平台上，就会得到许多回答。你想要参加一场能够影响人们生活的重要会谈？你要做的就是关注某些行业的思想领袖，他们的观点就会出现在你的智能手机上。

网络无处不在。即便你不怎么使用社交媒体，我打赌你在搜索自己名字的时候，肯定也会找到一些搜索结果（其中一些内容可能还非常精确）。无论你是否乐意，你的经理与同事都会在网络上搜索你的名字。他们想要了解你正在与谁进行商业往来，了解你正在与谁约会。可以说，在与人会面之前，搜索对方的名字已经成了一种全新的“握手”方式了——这已经成为许多人了解对方最常用的方法。

使用社交媒体存在的一大挑战，就是如何让个人生活与工作分离开来。显然，你在个人生活中很多无伤大雅的事情，可能会影响到你的事业发展。正因如此，你需要时常留意自己的网络形象，并懂得如何去管控它。

我认识的很多人都不大愿意花时间去打造网络个人形象与个人身份，他们觉得这有点像是在进行自我推广，会因此觉得难为情。事实上，打造个人形象就是一种自我推广，这并不意味这样做很自恋。你可以怀着谦卑或是坦率的态度去做，用平和的方式展现自己的工作经验与能力，而不需要大声地向别人吼道：“都过来看看我！”所以，千万不要害怕别人说你自恋，你将在下一章了解到，如何不惹人厌又能获得别人的关注。这将会帮你找回自我营销的动力，同时不疏远同事，不让他们觉得你是一个沉浸在自己世界里的人。

第五章
获得超级关注度的秘密
PROMOTE
YOURSELF

当你还没得到认可的时候，不要感到担忧。相反，你要努力找寻别人认可的资本。

——亚伯拉罕·林肯

在前面四章里，我已经谈过在当今不断变化的职场环境里，创造与管控自己的事业形象、掌握获得关注的软技巧与硬技巧是多么重要的事。在本章里，我们将会谈论一个很多年轻员工关注的问题：如何让别人知道我的能力与才华，同时不让别人觉得我在炫耀呢？

在谈论这个问题之前，我们需要对本章里经常使用的两个词进行定义：第一个是自我推广，它是指有策略地让别人知道你能胜任的工作，了解你的能力以及所取得的成绩——让别人的关注点集中在你的行为给团队与公司带来的好处上。你希望别人关注你，但与你一起工作的绝大多数人，可能都不知道你有哪方面的能力，最后你只能眼睁睁地看着某位能力比你差的人获得提拔，沮丧不已。自我推广可以给你带来积极的影响，前提是不能越过一定的界限。

第二个要讨论的词语就是吹嘘。它与自我推广常被人混淆使用。虽然这两个词语有某些方面的重叠词义，但本质上完全不同。自我推广更关注的是外在的东西：你的能力与取得的成绩，以及你为其他人、团队以及公司做出的贡献等，但吹嘘则完全是关注于内在的东西：你，你，你——你是一个多么伟大的人，你是怎样胜过其他所有人的。有时，我们很难去界定自我推广与吹嘘之间的界限，也很难界定自我推广从可以接受到令人反感之间的界限。但是，在本章结束的时候，你肯定会对此有一个清晰的认知。更为重要的是，你将知道如何处在正确的位置上。

你不能推广没人喜欢的东西

虽然没人喜欢吹嘘的人，但绝大多数人还是可以接受自我推广的人——前提是把握好分寸。但我在这里要指出一点，自我推广要看你取得过什么样的成就。你们可能不是贾斯汀·比伯的粉丝，但数以百万计的少男少女都喜欢他。他能有今天这样的影响力，就是通过很多自我推广的方式来实现的。他将自弹自唱的视频发布到 YouTube 上。如果没人看这些视频，那么贾斯汀可能只是一个普通的可爱少年而已。他最后被人挖掘出来，虽然他的长相有助于他的成功，但重要的是他的确有不错的音乐才华。所以，人们能够接受他在 YouTube 上做的许多自我推广。

另一位著名歌手嘎嘎小姐（Lady Gaga），她出位的舞台服装与她的音乐一样受关注，但是她的音乐成就更为重要。如果她无法创作与表演引爆流行的歌曲，那么她即便穿上生肉做的衣服，吹嘘自己有多好的嗓音，也根本不会有人关注。对于运动员、演员或是其他领域的名人，情况亦是如此，成就大于一切。迈克尔·菲尔普斯并不需要告诉世人他是一位杰出的游泳运动员，他要做的就是在游泳场上拿出自己的本领。对你来说，情况也是如此（不同的是，迈克尔·菲尔普斯是在奥林匹克运动会上进行自我宣传，所以世人都知道他的成就，而你则需要更多的努力）。如果你的个人形象不是很好，也没有取得多大成就，即便你每天都在推广自己，可能还是没有人关注你。关键就在于我们前面章节谈到的方法：掌握技能，并运用这些技能让自己成为专家。

利用网络推广自己

谷歌公司最近就社交媒体工具如何用于工作进行了一项研究。结果表明，积极运用社交媒体的人要比消极对待的人更容易获得提拔，但是社交媒体面临的一个大问题，就是它已经变成了人们自我推广的一种工具了。圣地亚哥州立大学教授让·特文格对年轻人与社交媒体进行了一番研究。她发现，有 57% 的年轻员工认为他们这一代人喜欢利用社交媒体推广自己、满足自恋情结以及获得别人的关注。在同样一份调查中，大约有 40% 的年轻员工认为，成为自我推广者与自恋者有助于他们在这个高度竞争的世界里取得成功。显然，那 40% 的员工所持的观点是完全错误的，自恋与过度推广不仅无法帮助他们取得成功，而且还会带来负作用。

人际交往的第一法则——不管是网络在线还是个人会面——索取之前必须要给予。如果你在推特上有许多粉丝，你每天都会在推特上给出许多职场建议，那么粉丝们会忽视你偶尔发布的自我推广内容，前提是他们能够从你这里获得价值。在你发送的推特文当中，要有 80% 到 90% 是实质性的内容，那么你的粉丝才会接受大约 10% 到 20% 的自我推广内容，因为你已经给他们带去了许多有价值的东西。你在使用其他社交网络的时候，都应该遵循相同的原则。

人们可以很容易地进入与退出网络在线世界。要是你能持续地给别人带去有价值的东西，给予别人一些帮助，那么他们会很乐于参与你正在做的事情。要是你将自己发送的每一条推特文或是更新状态都变成自我推广的广告，就有可能遭遇被人拉入黑名单的风险。

所以，你要认真思考自己的社交媒体给人留下的印象。你每天发布二十条状态更新或是上百条推特文，别人清楚你在现实生活中所做的一切吗？你每周都要上传许多张照片或是更换自己的资料图片吗？如果是这样，要停止这样的行为。你要停下来认真思考，提醒自己，在进行推广之前，首先给别人带去价值。

自我推广六法则

1. **让自己拥有被别人谈论的价值**。如果你打造了强大的自品牌，成为某方面的专家，以优异的成绩完成了某些工作，同时你擅长与人沟通交流、与团队合作，那么人们自然会乐于谈论你以及你所做过的事情。

2. **要有擅长某些方面工作的名声**。这里又回到了硬技能的问题。

当同事需要做某些事情时离不开你的帮忙，你就有了支持自己的人。

3. **承担责任**。即便你是一位表现非常优秀的员工，也不可能总想着让其他人赞美你。你需要让别人对你取得的成就感到兴奋，而不是想着如何为自己的个人名声增加砝码。

4. **寻找拓展个人角色的方法**。当你承担了全新的责任之后，就会得到别人的关注。在一个理想世界里，你可以向人们生动地讲述你的才能是如何为同事以及公司带来好处的，同时让别人觉得你不是有意这样做的，但你要始终做好告诉别人的准备——别指望别人都能看到你希望他们看到的东西。

5. **让别人看上去更优秀**——特别是你的经理。如果你在与人交流的时候赞扬别人，他们通常也会赞扬你。当你帮助经理取得成功，他就会让你负责更多的项目，从而增强别人对你的关注度。当这位经理得到提拔，组建全新的团队时，他自然会让忠诚且值得信赖的员工参与进来，从而让你变得更加优秀。所以，当他在公司内部不断获得提拔的时候——不论他是继续留在公司还是转投全新的老板——都会顺便拉你一把。

6. **寻找一些支持者**。别人对你的看法要比你对自己的看法更具影响力。在职场中，你的上级或是一名高调的同事对你的赞扬，要比你自己说出这些话更具有影响力。

自我推广进行时：如何在职场中打造自己的形象

除了我上面提到的六条法则，你还需要采取很多行动，让自己在工作中获得更多的关注度，让自我推广的行为变得更高效，同时避免它们给你带来反作用。

每当遇到机会，你都要抓住机会展现自己对工作的激情与你最近在工作中取得的成绩。当然，只有在恰当的时候你才能这样做。如果你参加一次会议，大家都在谈论有关中国的供应链问题，就千万不要提到你自己最近成功地在预算内完成了某个项目的事。要是你漠视所处的情境，就会让自己陷于尴尬的境地。

你不能贬低自己的付出，但更重要的是将功劳分给其他与你一起工作的同事。即便你是这个项目的领导也要这样做。认可别人做出的贡献，可以让你在不自我赞美的前提下也能提升个人形象。当你取得成功的时候，别人自然也会过来祝贺你。T-mobile公司企业电子商务部门总监迪恩·洛尔说："你并不需要引起别人的注意，因为别人自然会过来找你。当你知道自己的工作可以帮助别人实现他们的目标时，一定要确保在这个过程中给别人带来积极的影响。"同时，迪恩也给出了一点警告："不要让别人错误地认为，这全都是他们的功劳。"

抓住每一个让自己获得更多关注的机会。你可以通过参加培训课程、活动或是承担额外的责任去实现这个目标。当你的名声越来越响时，你就会得到更多的认同。Grant Thornton公司年轻的审计经理杰弗里·斯特拉斯曼对我说："我非常好地完成了本职工作，还参加了公司的其他活动，增强了自己的受关注度。在我的部门，我是培训委员会的领导，也是其他一些委员会的支持者。我参加了我们承办的社交组织活动，等等。如果你想让自己获得更多关注，就要多去参加一些会议，大胆地表达自己的想法，否则别人根本不会注意到你。

如果你不去努力认识同事、团队成员以及其他部门的同事，你就错过了与可以帮助自己事业发展的潜在支持者建立关系的机会。如果你是一位远程工作者，与同事面对面交流的机会不多，可以定期发送一些介绍自己近况的电子邮件。你需要经常告诉别人，虽然你不在办公室上班，但也做了很多出色的工作。

在你说出可能被别人视为带有自我推广的话语之前，需要明白自己面对的是哪些人。有些人喜欢听你谈论取得的成绩，但有些人可能会将其视为对自己工作职位的一种威胁。你需要看人说话，避免给人留下不良的印象。特别是在一些谈及老板的话题时，更要小心谨慎。你平时应多留意观察老板是如何自我控制、获得反馈、谈论自己的成就的。了解这些信息，可以让你知道该以怎样的方式在他面前进行自我推广。

对自己在职场的价值有清晰的认知，这是非常重要的，要做到这点并不容易。其中一种方法就是认真统计平时向你寻求帮助或是支持的人数。如果这个数目很小，你要么尽快改善，让别人知道你的能力，要么努力掌握职场所需的硬技能与软技能。

绩效评估是你进行自我推广的极好时机。毕竟，你参加这些会议就是去谈论自己的。但是，你要将专注力集中在外在的事情上。如果你是被提拔的候选人之一，决策者肯定想知道你取得过怎样的成就，战胜过什么挑战，与团队合作的融洽程度以及你为公司增加的价值。

最后，你要想出一个优秀的“电梯游说方案”。这只是一种假定的情景，当你不期而遇地与老板坐上了同一架电梯，你只有电梯从一楼上到三十二楼的时间去给他留下深刻的印象，你该跟他谈论什么呢？要是你想在四十五秒的电梯时间里向他讲述自己的许多想法，这会让你显得浮夸。你要用简短的话语专注于自己能为给公司带来价值的话题上。

当别人抢走了你的功劳

遗憾的是，并不是你的每个同事都会阅读这本书，他们可能不知道与人分享有多重要。被人抢功很难避免。你或许会感到很沮丧。然后，你的沮丧会变成愤怒。当这样的情况出现时，你的言谈举止有可能会失控。那该如何应对呢?

首先，你可以与抢功的人私下会面。你要说明自己对没收获应有的功劳感到失望，表达想知道他这样做的目的，记住不要对他大发雷霆。别人之所以没有提及你的功劳，可能只是一时疏忽。

如果那人在抢功之后拒绝改正，你又该怎么办呢？在这种情况下，你可以与经理会面。你绝对不能表现出敌意、愤怒或是要为自己正名的态度，只需要阐述这个事实：“我知道我的名字没有出现在会议上，但我想让你知道我是那个团队的一分子，负责了某些方面的工作，我觉得自己做出了贡献。我只想确保你知道这点。”在这个过程中，最重要的一点就是不能以发牢骚的抱怨者的形象出现——即便你原本很有理。你要让老板知道你对项目的成功感到高兴，同时希望日后能够参与更多的项目。

回答“你是做什么的？”的正确方式

在美国，当别人介绍你的时候，最常用的一句话是：“你是做什么的？”这给了你自我推广的好机会，不过要是你无法提供充分的信息，别人会认为你很无趣，想赶紧结束对话。要是你急于表达，或许会得到关注，但对方会觉得你自吹自擂。所以，你要找寻一种正确的自我推广的方法。

我也是吃亏之后才学到这个教训的。我认识的每个人都知道我是个喜欢自我推广的人。一次，我与几位朋友在一家酒吧聊天，吸引了一位美丽的女酒保的注意。她给我们递上饮料，询问我是从事什么工作的，我一本正经地将自己取得的成就说给她听。完事后，她看着我说："你真是太无趣了。"

这就是推销失误带来的后果。我要推荐你们的方法是，当有人问你是做什么工作的时候，你可以简略地回答，然后将重点转移到提问题的人身上。

当然，在职场中，情况可能会有点不同。同事一般不会问你是做什么的，但他们会问你取得过什么成就。要想恰当地回答，你要不时提醒自己三件事：

a. 我是团队的一分子，且很擅长团队合作。

b. 我的工作是重要的，能为公司做贡献。

c. 我的工作与他人的利益紧密相关。

如果你能这样想，别人就不会认为你是一名吹嘘者或是不知天高地厚的傻瓜。想象一下，你与团队辛辛苦苦地搞定了一位大客户，老板却没有亲眼看到。当他从假期或是其他地方回来之后，就想知道事情的进展（当然，他可能知道了，因为客户可能已经打电话告诉他了）。对话可能会这样进行：

"嘿，迈克，你不能参加那次会议实在是太可惜了。比尔向客户做的展示很棒，穆里尔的 PPT 演说让客户死死地坐在座位上……我则帮忙解答了一些问题，打消了客户的顾虑。他们这周二就会过来与我们签合同。”

过度自我推广带来的危险

过度自我推广，会带来消极的负面影响。至少，会让你冒着被他人疏远的危险。如果同事不想跟你一起工作，团队会受到伤害，最终会给公司带来损失。老板如果认为你将别人的功劳揽在自己身上，你日后想继续前进就很困难。当管理层要提拔人时，他们总是选那些在同事中有影响力、受人尊重且仰慕的人。

当你进入这条“食物链”的顶端，最终需要去管理别人，那就不能过分专注于自己，而更应将精力放在手下的员工身上。

“判断自己是不是让人讨厌的自我推广者”测试

阅读下面描述性的句子。

1. 我在谈话中使用最高频的词语是“我”。
2. 我没有询问别人做了什么工作，而是直接谈论自己做过的事。
3. 我经常在谈话中分享自己的购物、阅读、旅行体验。
4. 我每天都利用上班时间在脸书、推特、微博上发五条没价值的内容。
5. 在说话时，我总确保自己的声音是房间里最大的。
6. 如果我在工作上取得了什么成绩，就要让同事们都知道。
7. 在自我评估的时候，我从不会对自己做过或是没有做过的事进行批判。

8. 我从同事那里“借来”一些不错的想法，然后将功劳据为己有。

9. 我在团队担任领导位置时，只关注打造自己的名声，而不是想着怎样有利于团队合作。

10. 我经常忙着玩手机游戏，没留心其他人在说些什么。

11. 我经常在说话时抬高自己，谈论一些我从未见过的人，似乎他们是我的朋友。

12. 我觉得自己是经理的老板，而不是经理是我的老板。

如果你占上面中的三条，还不是太惹人讨厌。如果你占其中三到五条，开始有点让人讨厌了。如果你占六条以上，已经很让人讨厌了，需要认真考虑如何改变。

关注度可以创造机会

无论是关注度还是知名度，都能为我们的事业发展提供机会。如果别人不知道你是谁以及取得过什么成就，你就没机会得到提拔或是获得额外的奖赏。很多人不大愿意谈论取得的成就——但他们因为无法得到应得的奖赏而备感愤怒。唯一的解决之道就是勇敢地说出来。如果你不说，别人当然就不知道。如果他们不知道你有哪方面的能力，在需要帮助时是绝不会找你的。我们在自我推广的时候要有策略，要懂得为团队创造价值、多去支持身边的人。很少人能完全凭借自己的努力取得重大的成就，如果团队不给予足够的支持，你很难发挥自身的潜力。

第六章

经理会提拔什么样的员工

PROMOTE YOURSELF

如果你想在大事上有所成就，就要在小事上培养追求卓越的习惯。追求卓越是理应秉持的态度。

——科林·鲍威尔将军

还记得大学时，你准备期末考试的情形吗？一些教授会给你们画考试重点，这让你专注于复习重要的内容。但是，如果你与大多数人一样，都不知道考试的重点是什么，你可能就要将整个学期的知识点都复习一遍了。在这种情况下，你几乎无法好好复习——毕竟谁能了解所有内容呢？

你在面对提拔的时候，也面临类似的问题。要是你知道经理最看重哪些品质、技能或特征的话，是不是更有助于获得提拔呢？

我的公司对一千多名经理进行了调查研究，试图了解他们在做出招聘决定的时候最看重哪些才能。我们觉得，经理们认为重要的才能可能与年轻员工自认的存在出入。我们同时还对一千多名年轻员工（年龄在 22 岁至 29 岁之间）进行调查。我真心以为，了解双方的真实想法对规划事业具有重要的价值。至少，这样的认知能帮助你更好地掌握当下需要的技能，明白自己在哪些方面还要继续提升。当你知道听众（经理）对你的要求，就可以按照他们设定的要求给予他们想要的结果。这有助你在公司内部找准机会，打造个人品牌。另一方面，如果你不知道你的“听众”想要什么，又怎么能满足他们的期望呢？你可能会浪费很多时间在经理们认为不重要的技能上，而你改不了的弱点始终阻挡着你前进。

我们在调查研究中有下面几点发现：

软技能法则

正如我们在第三章讨论过的，软技能是需要掌握的最重要的技能。硬技能——你的技术能力很有价值，但不如软技能这么重要。有鉴于此，当经理们在寻找下一代接班人时，排在前三项的技能全是软技能也就不足为奇了。按照重要顺序，这三项软技能分别是：

1. 优化工作的能力
2. 积极的态度
3. 团队合作能力

当然，上边列举的各种技能，因为不同企业存在着差别，无法作为固定的判断标准。麦当劳全球战略匹配高级副总裁麦克·弗洛里斯就认为，批判性思维与团队合作能力是他认为最重要的两项技能。他说：“我们在找寻那些善于聆听、吸收与处理信息的人，找寻那些知道如何提出正确问题、懂得与他人在团队的框架下进行合作的人才。

总的来说，如果你始终保持开放好奇的心态，对团队工作有很强的适应以及解决问题的能力，那么你很快就能在公司里闪闪发光。”

一些经理也有不一样的看法，比如美国职业摔跤联盟的经理杰森·霍克则专注于一些重要的底线。他说：“对于年轻人来说，他们应该专注于思考‘我该怎样让事业更进一步？我该怎样为公司赚取利润？我对未来该有怎样的视野？’等问题。擅长这些方面思考与行动的人必然能抢占先机。”万宝盛华集团人力资源副总监艾兰·麦克森则这样总结说：“你是否努力让事情朝着更好的方向发展？是否给身边的人提供了帮助？”总而言之，经理们都希望寻找具有优化工作能力且能够实现目标的员工，同时这些员工要受人喜欢，擅长团队合作。

当员工知道了经理们要找寻怎样的人才之后，他们才能更好地前进。在对这些经理与员工进行调研时，我们发现经理们认为比较重要的能力特征与年轻员工的认知之间存在着不少差异。

下表列举了经理与员工们认为最重要的二十种能力。将两者的相似点与不同点呈现出来，有助于我们更深入地思考。

	经理的看法	员工的看法
1	优化工作的能力	沟通能力
2	积极的态度	领导能力
3	团队合作能力	优化工作的能力
4	组织力	积极的态度
5	沟通力	团队合作能力
6	做出改变的能力	以目标为导向的能力
7	战略思维与分析能力	行业知识
8	领导力	做出改变的能力
9	以目标为导向的能力	组织力

续表

	经理的看法	员工的看法
10	行业知识	战略思维与分析能力
11	建立关系的能力	建立关系的能力
12	职业形象	职业形象
13	技术能力	受人喜欢的能力
14	受人喜欢的能力	技术能力
15	网络运用能力	网络运用能力
16	数字精通能力	工作经验
17	高情商	高情商
18	工作经验	数字精通能力
19	全球视野	全球视野
20	行业活动能力	行业活动能力

在此，不要过分关注员工那一栏。有句话可能不是很好听，但在推动事业发展这个问题上，你的个人想法其实并不是很重要——经理的想法更重要。你可以将上面这个图表作为一个指引——不是每一位经理都会做出完全一样的排序——所以你最好询问自己的经理心目中最重要的几项技能，然后按照这些信息决定从哪些方面努力。就以组织力来说吧，经理们将这种能力排在第四位，员工则将这种能力放在了第九位。

最难找寻的技能

列举出各种能力与素质的重要系数是一回事，找到拥有这些能力与素质的人则是另一回事。所以，我们要求受访的经理对上面列举出来的二十种能力进行研究，然后告知他们认为找寻此类人才是否容易。下图是他们的看法（表格右边的数字是经理认为找寻某种特定技能人才是“困难”或是“不大可能”的百分比）。

经理		
1	领导能力	34%
2	战略思维与分析能力	32%
3	沟通能力	28%
4	行业知识	28%
5	建立关系的能力	27%
6	职业形象	27%
7	优化工作的能力	26%
8	组织力	26%
9	做出改变的能力	26%
10	工作经验	26%
11	高情商	25%
12	积极的态度	24%
13	技术能力	23%
14	团队合作能力	22%
15	以目标为导向的能力	22%
16	受人喜欢的能力	19%
17	网络运用的能力	19%
18	数字精通能力	19%
19	全球视野	19%
20	行业活动能力	15%

审视经理们认为重要的能力，你将怎样做出调整呢？如果你将所有时间都用于提升数字能力，拓展全球视野或是提升行业活动能力这些经理们认为不是太重要的能力上，那么你可能需要做出相应的调整。当然，如果你对自己目前所处的位置感到满足，对事业提升缺乏兴趣，就另当别论。

你只需快速了解最重要的五种能力就可以了。首先，领导能力。优秀的经理总在寻找具有天然领导力或有很强学习能力的人，但是你也知道，这并不容易。我敢肯定，你肯定也遇到过很多没有什么领导能力的经理。

接下来，我们看看分析能力的重要性吧。在今天的商业世界里，光靠语言文字的力量是不够的——你必须要找到实实在在的数据去证明自己的观点与思想。

沟通能力同样非常重要，我们在第三章里耗费大量篇幅讲述了这个问题，在此就不赘述了。

行业知识之所以重要，是因为公司需要知道相比于业内的其他公司自身所处的情况，洞悉竞争对手的策略，知道顾客想要却得不到满足的需求。行业的趋势变化可能会给公司带来短期与长期的影响。这也证明了我的观点，即成为专家要比成为通才重要；你对所在行业以及客户了解得越多，就越能提供更好的服务。

最后一种能力就是建立关系的能力。在我们所处的世界，只要点击几下鼠标，网络就能够让你跨越国界、时区与语言，迅速找到你想要的信息，因此找寻问题答案的能力远不如与人建立关系的能力来得重要。

两种同样重要的技能

除了上面我们列举出来的各种能力之外，很多老板还认为具有另外两种能力的人是非常难找的：后续跟进的能力与事先准备的能力。

HBO 项目规划与管理部门执行副总裁安德鲁·戈德曼这样抱怨说："很多员工认为只要将邮件发送出去，事情就解决了。坦率地说，这不过是工作的第一步。你必须要努力跟进，确保对方收到你的邮件并且明白你的意思。"接着，戈德曼还说很多年轻员工在参加会议之前都没有做好充分的准备。"我在公司面试了许多应聘者，我能立即知道某位应聘者在面试前是否准备充分。对我来说，事先做好准备的能力是非常重要的。在毫无准备的情况下去做某件事，这可以说是你所能做的最糟糕的事。"

你不是一个人在战斗：公司有责任挖掘员工的才能

除了上面提到的经理们希望找寻具有那些软技能与硬技能的员工之外，公司要想得到长足的发展，还需要从挖掘内部人才着手，其中最好也最廉价的方式就是为员工提供导师。要是员工找不到提升的途径，他们的工作就会变得低效，最终也会增加公司的经营成本。

富于远见的公司会将培训计划整合起来，更好地帮助员工培养他们的软技能，最终帮助他们成为优秀的经理与领导者。如果公司没有提供这样的内部培训，你可以利用很多免费或是廉价的资源去掌握所需的知识。

马里奥特国际公司首席运营官利亚姆·布朗睿智地说："他们需要非常清楚地知道自己该做什么事情，掌握一些工具去将工作做好，还要知道别人关心着他们。"他这样对我说："如果我们某位初级员工展现出了这些能力与才华，他很快就能进入领导行列。"马里奥特公司内部的员工提拔与发展计划收到了良好的结果。布朗接着说："二十三年前，我只是马里奥特这家小旅店的总经理，现在我负责全美所有马里奥特连锁酒店的运营工作。"我们可以听到很多这样的故事。一位区域经理可能一开始只是某家小旅店的看门人，时薪只有几美金，现在却负责公司旗下的二十家酒店，担任高管。我们遇到很多高级副总裁一开始都从事着服务员、看门人等薪水较低的工作。

柯达公司全球解决方案部门总监杰夫·苏伊的观点更加激进一些，他将员工取得成功的这份责任更多放在了经理身上。他说："作为经理，我的职责就是帮助团队取得成功。这意味着我们要克服各种困难，不断找寻各种机会，尽最大努力去为整个团队的利益着想。"

诸如通用公司、马里奥特国际公司、Raytheon、EMC 等公司都有开发员工潜力的项目，因此他们能够更好地留住优秀的人才，从而培养下一代的接班人。

让自己值得提拔

经理们在做出提拔决定的时候，一般都会考虑多方面的因素。当然，每一位经理的决策过程都是不同的，但是他们考虑的因素几乎都会包括五个重要方面：优化工作的能力，按期完工的能力，积极的态度，团队合作能力，注重团队利益（不要担心，如果团队获益，你也将从中获益）。

当你对经理选择提拔人才的要求有了充分的了解后，这将有助你专注于掌握这些技能，打造自品牌，敞开全新的事业之门。

第七章
如何维持与同事和上下级的关系
PROMOTE
YOURSELF

成功法则中最重要的一环，就是知道如何与人交往。

——西奥多·罗斯福

在当今职场，我们往往会发现来自四个不同世代的人，每个世代的人都有他们独特的文化、沟通的风格、价值观、需求以及目标。当世代间的冲突出现的时候，工作效率与公司的利润就会遭受损害。每个世代有他们自身独特的交流方式，对如何开展工作都有不同的看法。如果你知道他们的优先选择与想法，就能与他们建立起融洽的关系，有助于推动你的事业发展。比方说，你养成了工作迟到的习惯，婴儿潮世代的人可能就会对你这种行为感到非常不满，因为他们非常重视制度，认为每个员工都应该准时上班。（我并不是说你真的习惯性地上班迟到，而是说如果你在家里就把工作做完了，那么你就可能会问，上班迟到几分钟有什么大不了的呢？）

记住，不同世代的人可能对同样一件事有着完全不同的看法。具体到每个人身上，差异就更是千变万化了。正如你能想象到的，管理一个有不同年龄段员工的团队，会给你带来不少的挑战。在前面的章节里，我们已经谈论了掌握你经理认为的重要技能的重要性。而在与老一代人（婴儿潮世代与 X 世代）打交道的时候，你也面临着相似的情形。在这两种情况下，除非你知道别人想要什么，否则是无法给予的。当你知道不同世代的人有着不同的工作方式、情感以及行为驱动因素时，你在与他们建立关系时就会容易许多，否则会造成工作中不必要的冲突，最终影响你的事业发展。在本章里，我们将专注于了解每个世代具有的一些显著特征，知道如何运用这种认知去避免大多数人犯下的错误，从而更好地推广自己，促进事业发展。

四个世代：这都是哪些世代呢

接下来，我们会用一个图表列举出四个世代存在的差异。但让我首先对每个世代进行详细的分析。

Y 世代（生于 1982—1993 年间）

这个世代的人数在美国大约有八千万，是人数最多的一个世代。在他们的成长过程中，父母扮演着较为重要的角色，帮助他们做各种决定，并在很多方面充当他们的主导建议者(这些父母时刻关怀着孩子，为他们赢得了一个绰号“火箭父母”)。这可能就是 Y 世代的人更倾向与朋友、家人或是其他人进行联系的一个重要原因。他们对科技非常着迷，喜欢通过脸书与推特等社交媒体平台与人进行交流，这已经成为他们日常生活中不可或缺的一部分。

这一代人购买力很强：到 2017 年，Y 世代的人在消费能力上将超过婴儿潮世代。在这个世代当中，绝大多数人从事着他们走出大学校园的第一份工作。一些人可能正在从事第二份或是第三份工作，一些人可能处在低级别的管理位置上。到 2025 年，Y 世代员工的数量将占据整个职场的 75%。（不少公司已经开始增加招聘 Y 世代员工。比方说，安永会计事务所的 Y 世代员工就占总员工的 60%）

Y 世代与其他世代在职场上存在着很多明显的差异。Y 世代基本上会反对 X 世代与婴儿潮世代对工作所持的态度。总体而言，Y 世代要显得缺乏耐心。他们不会太考虑忠诚的问题（对他们而言，一辈子只从事一份工作是不可想象的）。他们不愿意将一份工作干上五年，然后才获得提拔。他们想要按照自己的激情去选择工作，如果他们在工作中找不到自身的价值，很快就会在工作之外找寻其他的“副业”。

据 MTV 的报道，超过 75% 的千禧世代表示，拥有一份能够转变成人生事业的“副业”是很重要的。在他们看来，职场的灵活性是一个必要条件。他们无法理解过去朝九晚五的传统工作模式——他们希望能够在工作中找到自由，这包括工作时间以及工作地点的自由，通过运用他们所掌握的工具去完成工作（他们对公司禁止上社交媒体网站的行为感到不满）。在他们的心中，工作的灵活性占据着非常重要的地位，以至于他们宁愿降低工作薪酬来换取这种灵活度。Y 世代员工希望有导师对自己进行指导，有更多进入管理层的机会。同时，他们还希望获得非正式的反馈，时常得到身边同事的认可。

很多婴儿潮世代员工因为经济问题迟迟没有退休，Y 世代员工觉得自己无法如想象中那样进入管理层，所以他们的耐心会消磨掉，产生沮丧的感觉。我觉得 Y 世代员工身上存在的最大问题，就是他们在工作中经常出现注意力偏移症——如果需求能即刻得到满足，他们的态度就会非常友好。

X 世代（出生于 1965—1981 年间）

在美国，四千七百万人属于这个世代，这个群体在经济上很独立，手里掌握着足够多的资源，并能自给自足。按照我的研究，我发现 X 世代员工最担心的就是经济状况。当下，这一世代的人都成了中层或是高层管理者。他们也重视工作的灵活性，不太看重古板的制度，但在追求灵活性方面则不如 Y 世代。相比于婴儿潮世代，他们更加看重家庭与个人的关系，却不愿意像 Y 世代那样为了追求自由而放弃高薪。他们要比婴儿潮世代更愿意冒险，但也不像 Y 世代那么具有进取精神。与婴儿潮世代一样，他们也擅长独立工作，这与 Y 世代喜欢团队合作形成了鲜明对比。这就引发了一个非常有趣的问题，因为大部分的 X 世代员工已经进入了中层管理的位置，而他们所管理的正是 Y 世代员工。遗憾的是，不少 X 世代管理者在与 Y 世代员工打交道的时候都遇到了很多头痛的问题。与此同时，X 世代在晋升道路上也显得毫无办法，只能等待着婴儿潮世代的人逐渐退休，然后他们进入公司的最高层，对此他们已规划多年。

婴儿潮世代（生于 1945—1964 年间）

在你看来，这一世代的人可能已经过时或是变得老套了，但你最好记住一点，这一代人曾经以反叛与对传统价值的颠覆而闻名于世。婴儿潮世代的人可以说是目前职场上最富有的一代人，他们一般都处在管理层的最高位置。因为他们适应了过去没有笔记本电脑与智能手机的时代，所以并不像 X 世代与 Y 世代对科技产品那么狂热。相比于其他的交流方式，他们更愿意与人进行面对面的交流。

总的来说，婴儿潮世代员工几乎是以工作为人生重心的。他们认为努力工作必定能够带来回报，而他们不断前进的动力就是为了获得更多的收入、名声与头衔。他们通常以取得的成就去定义自己，对一周工作七天的制度并不反感。他们普遍都持有这样的想法：年轻一代应该在前进路上交够学费。他们是具有竞争力、自信且自立更生的一代，但因为当前的经济状况，不得不延迟退休的时间。

对婴儿潮世代来说，他们面临的问题，就是不大愿意忍受工作中出现的冲突，对别人给予的反馈过分敏感。因为他们接近了退休的年龄，占据着高层的管理位置，所以喜欢管理别人。他们控制着当前绝大多数财富，正在挑选着接班人。

Z 世代（生于 1994—2010 年间）

我之所以最后才谈论 Z 世代，是因为这一代人刚进职场。如果他们现在已经投入工作了，可能还处于实习阶段或是初级职位。不过请注意，再过几年，你就要与他们进行竞争了。Z 世代的人出生于高度竞争的全球化时代，他们知道自己生活的这个时代面临的问题——学费高昂，工作难找。因此，Z 世代更具有进取精神。

可以说，Z 世代是打了“鸡血”的加强版 Y 世代。按照年代关系来看，Z 世代一般都是 X 世代的子女，他们根本无法想象没有互联网的生活。两千三百万人属于这个世代，并且这个数字还在不断上升。我们有时会将这一代人称为“数字原住民”，因为他们非常依赖科技产品。无论是订比萨、搜索工作职位、与朋友交流或是约会，都少不了运用科技产品。当然，Z 世代也有点自大——至少在其他世代的人看来是如此——他们习惯将自己的所有生活都搬到网络上，告诉所有人他们正在做的事，从早上刷牙、上班堵车到工作上得到提拔等。技术的发展让 Z 世代完全适应了网络的沟通方式，对他们来说，面对面的交流反而成了一种挑战。Z 世代是需要关注的一个世代。在你还没回过神来，他们已经进入了职场，开始与你展开竞争了。

Y 世代与其他世代的比较（美国）：

	Z 世代	Y 世代	X 世代	婴儿潮世代
别名	M 世代，网络世代，互联网世代	千禧世代，回声潮，新世代	后婴儿潮世代	
出生年间	1994—2010	1982—1993	1965—1981	1945—1964
人口数量	23,000,000	80,000,000	45,000,000	76,000,000
核心价值与特征	对技术狂热，全球互联，具有灵活性，包容不同文化	现实主义，自信，多样化，有职业道德感，有竞争力，希望得到关注	怀疑主义，不拘礼节，追求平衡，实用主义，适应性强，独立自主	乐观主义，乐于参与，追求平等，讲究职业伦理
对教育的看法	价值不大	学费昂贵	实现成功的一种途径	与生俱来的权利
交流方式	社交媒体，智能手机，信息交流，乐于展示自我	社交媒体，智能手机，信息交流	手机	固定电话
管理风格	协同合作	协同合作	自我控制	指挥与控制
对培训的看法	进行自我培训	持续地学习	培养员工忠诚感	培训之后，员工就会离开
对更换工作的看法	非常自然，缺乏忠诚概念	更换工作很正常	变换工作有时是必要的	变换工作会让你落后于人
事业目标	为自己工作	创建多方面的事业	打造灵活易调整方向的事业	希望企业有滚雪球效应
工作 / 生活平衡	不需要考虑	职场灵活性最重要	现在需要两者的平衡	更关注工作
职业道德	同时进行多项工作，独立，追求工作效率	以目标为导向，找寻有意义的工作，协同合作	以结果为导向，不大看重是否获得提拔，更加看重金钱	忠诚，重视过程，重视理想与团队合作
对权利的看法	源于个人成就	源于个人贡献	源于个人价值	源于个人工作经验
每份工作的平均在职时间	不适用的	两年	五年	七年

学会与上一辈的人一起工作

与和自己拥有相同文化背景与世界观的人一起工作，总会容易一些，但在当下的职场中，这样的理想情况并不总会出现。我们知道亚洲人与欧洲人存在文化上的差异，其实老一代人与年轻一代人也同样如此。这种差异会带来很多冲突，职场上出现的很多问题，是因为根深蒂固的成见所造成的。

在研究的过程中，我们发现虽然年轻员工一般对经理评价不错，但经理们通常对下属有负面的看法。比方说，我们发现在所有受访的员工里，有 59% 的人认为经理有丰富的工作经验，41% 的人认为他们有智慧，而认为经理愿意给予他们帮助的则只占到 33%。

另一方面，认为 Y 世代员工有着不切实际的薪酬期望的经理占到了 51%，认为 Y 世代员工缺乏良好职业道德感的经理占到了 47%，认为 Y 世代员工容易在工作中出差错的经理占到了 46%。Y 世代员工抱怨最多的就是：经理没有给他们足够的认可（这个比重占到 26%）。认为 Y 世代员工拥有全新视野的经理占到 30%，认为 Y 世代员工拥有创造性思维与开放心态的经理分别占到 27% 与 23%。

显然，年轻一代与年长一代的人对各自有着不同的看法，不过这种看法的差异并不是难以逾越的。

有些时候，婴儿潮世代的员工会将工作看得比个人关系更重要。所以，你首先要保证将工作做好，因为这是他们最关注的地方。他们拥有很强的职业道德感，所以你要准时完成工作项目。经常到办公室上班，这点同样很重要，因为这可以让他们更容易看到你的努力。当你尊重他们的价值观时，他们就会更留意你，认为你有成为领导的潜质，有助于你取得成功。

你可能已经看过上面那个图表，婴儿潮世代一般会将一份工作干上七年，然后才考虑变换工作，甚至有不少婴儿潮世代的员工在同一家公司工作数十年。这样的忠诚感在当下已经不复存在了。虽然他们在同一份工作的时长对你来说简直是神一般的存在，但你要尊重他们的观念。你付出越多的努力，展现出更多的忠诚，就越能得到他们的认可，从而有机会承担更重要的工作。

据调查，有 66% 的经理表示，相比于其他的沟通方式，他们更愿意面对面交流。幸运的是，有 62% 的员工知道这是他们经理优先考虑的沟通方式，并准备努力去适应。无论怎么说，科技本身是没有生命力的。除了面对面的沟通之外，最受经理与员工欢迎的沟通方式是邮件（26% 的经理与 25% 的员工都说这是他们的优先选择）。如果你还不了解经理喜欢的沟通方式，可以留心观察。记住，做出改变总是有可能的。你可以向经理说明，短信、即时通信工具有时在快速交流时要比电话或是亲自会面更高效。只要你努力提高工作效率，别人就会认为你是为公司创造价值。

共享兴趣、活动或是故事，这都是我们与其他世代进行交流的好方法。你需要尽可能地从他们身上学习。福克斯电视《与尼尔 · 卡夫托谈论你的世界》节目特约评论员罗拉 · 佩蒂说：“我觉得，年长一代的员工拥有很多智慧。我会聆听他们所说的话，虽然这中间可能存在代沟，但是他们的一些建议是无价的，至今仍然适用。”

不过不是每个人都这样想。莱恩 · 布朗，这位在推特从事销售方案的年轻员工则表示："有时，我对年老员工的看法是，他们之所以能够身处高位，就是因为他们工龄比较长。一些人虽然年轻，但这并不意味着他们不能努力进入高层。"虽然莱恩的看法也没错，年轻并不意味着你就缺乏竞争力，他的观点所流露出来的态度正是很多顶头上司所讨厌的。这种态度可能会让你遭到解雇。所以，如果你也有与莱恩一样的想法，请不要表现出来。没错，你可能拥有改变事情的能力，但改变是需要时间的。

当你发现某人拥有你想要学习的技能与经验时，可以通过正式或非正式的方式向他请教。最好的接触方式应该是直接的，比方说"我希望学习有关财务方面的知识，你能帮我吗？""你能让我参与公司品牌管理方面的工作吗？""你能让我更多地参与公司数字内容方面的工作吗？"相信我，这种求助很有效。如果你不相信我，可以听听《花花公子》杂志首席财务官马修·诺尔比说的这段话："当某位员工向我提出某个特定的请求，同时承认自己在某些方面存在不足，表示愿意多学习时，我一般都会抽出些时间给予帮助。"寻找导师与指引能够释放出多种重要的信息。首先，你尊重其他人的智慧与知识。其次，你愿意认真学习，让大家实现共赢。最后，你获得了更多的关注度，承担更多的责任，你也可以更快地取得成功。

随时准备好证明自己。CA 科技高级频道营销分析师亚曼达·希利就说："我刚进入职场时，身边也有几名年轻同事。经常有人问我是不是实习生。更糟糕的是，一些人甚至将我看成到公司里看望父母的小女生。虽然我一开始很沮丧，但我渐渐将自己的年轻视为一种优势。我认真准备自己的发言、提问以及演讲，向别人证明我的专业知识与思想成熟度，最终成功扭转了别人的印象。与此同时，我也确保自己穿着职业化，向别人展现出年轻的活力、投入工作的热情以及成熟的工作能力。没多久，我在一场重要的会议上举手发言，大家都认真聆听，这为我赢得了关注。我想大家都对这个‘小女生’要说的内容感到好奇。正如人们所说的，没有比成功更能带来成功的了。展现你的能力，你就会让更多人愿意投入时间与金钱到你身上。”

大多数公司都已经认识到，并不是每个人都拥有相同的技术能力。通用公司人力资源副总裁马克·基尼说：“在绝大多数情况下，我看到具有技术能力的员工进入职场后，通常都要比其他的员工做得更出色。”如果你将自己打造成一个宝贵的资源，帮助其他人提升他们的技术能力，那么他们就能更好地实现目标。当你帮助了别人，别人也会想办法去帮助你。如果你无法做出改变或是对一些问题没有答案，还可以通过找寻有智慧的人去帮忙，从而证明自己的价值。当你满足了别人的要求时，别人会将你视为团队真正的一分子。这有助于增强别人对你的关注度。

找寻那些能够推动你事业发展的人

在你打造战略关系的过程中，第一步就是找到一位或是多位导师——你认为能帮助你实现目标的人。在一些公司，年轻员工刚加入公司的时候，都会有一个被指派给某位导师的正式流程。百事可乐公司全球人才并购部门资深副总裁保罗·马钱德跟我谈论了他们公司的导师制度。他说：“我们有一个名叫‘conn3ct’的资源小组，这个资源小组专注打造百事公司内部全球年轻员工网络，同时为下一代的公司领导层提供一个充满激情的工作环境。很多千禧世代员工能够通过这样的方式表达自己的声音，同时这些员工能够收获高层的反馈与支持。”

遗憾的是，并不是每个工作环境都这么富有进取精神。领英人才并购部门副总裁斯蒂夫·卡狄根就跟我讲了他以前老板的故事。他说，以前的工作环境是“只有得到允许之后，员工才能与高管会面”。这样的工作环境实在让人压抑，而设立导师制度可以为公司带来巨大的经济效益。据我们的调查，有 53% 的年轻员工表示，与导师建立良好的关系可以让自己变得更好，提升工作效率，为公司做更大的贡献。32% 的员工表示与导师的关系会让自己在公司工作更长一段时间。受访的经理则对此更加乐观，有 62% 的经理认为导师制度会让年轻员工变得更优秀，36% 的经理认为这有助于降低员工离职率。

如果你有幸在一个拥有正式导师项目的公司里上班,那么祝贺你。当然，如果你的老板鼓励年轻员工与经理之间进行开放的交流，那么可以说你很幸运。领英就设立了定期“坐下来学习”的规定，让员工们有机会与各个级别的管理人员进行交流,但在关于导师这个问题上，你首先要诚实地评估自身缺乏的能力与经验。如果你不知道自己的短板，那么就根本无法找到适合的导师人选。

一般来说，导师都是你们公司的高层人员。他们知道公司的发展方向，知道公司系统运作的方式。他们拥有丰富的工作经验与智慧，告知你该去做什么事情以及什么时候去做。德勒会计师事务所年轻的税务咨询师克里斯丁·冈萨雷斯说：“导师真的用心帮助我推动自己的事业，为我指引前进的方向，发现我所擅长的能力。跟他在一起的时候，我可以谈论很多事情。如果我与某位经理、同事或是其他高层人员发生了矛盾，或是我真的想去从事某项工作却没有这样的机会时，我就会去找他。”

寻找导师有很多途径。理想情况下，经理会给予你一些指导，至少他会对你的表现给予一些中肯的建议，指出你在哪些方面做得比较好，哪些方面还需要改进。经理也是将你引荐给他的上司的最佳人选，这位经理的上司也可以成为你的导师。如果经理没有给予你什么指导，或是对你的工作以及事业计划没有表现出任何兴趣，你可能就需要转到另一个部门或是团队，甚至需要考虑重新找一份工作了。

最后，你需要寻找公司外部值得你信任的人作为导师。这些导师会给你提供许多不偏不倚的观点与更宏大的视野，这要比公司内部的导师更能拓展你的能力与事业。这种类型的导师可以是行业内著名的博主、你在某场会议上遇到的高管等。我们接下来就谈论如何去接触这些人。

辅导制：不只是一条单行道

绝大多数人在谈论辅导的时候，通常都会想到一个经验丰富、能力很强的人在给初涉职场、缺乏经验的人进行指导。当然，得到导师的指导是非常重要的，但很多人都忽视了自己给导师带来的价值——虽然你们现在还缺乏工作经验，但也能给导师带来许多帮助。年轻人反过来给导师带来价值的典型例子，就是他们在社交媒体与新技术方面给年老员工带来帮助。

辅导的过程就是你与导师建立关系的过程。当你花时间教会一位资深高管如何在公司博客上发表内容以及在推特上发送推特文，或者是注册微信公众号以及推送文章时，其实你是在教会他掌握这些全新的技能。与此同时，在此过程中也可以了解更多公司未来的发展规划，知道如何胜任公司的不同职位。通过这样的方式，你能增加自己的受关注度，有机会接触公司高层，这些人可以帮助提点你的事业，让你在前进的过程中有更好的选择。这些人还会通过他们的人脉帮你打开进入其他领域的机会大门。

辅导关系应该需要不断延伸，所以你要经常告诉导师你现在的情况，这点非常重要。你的导师可能是公司的高管，但他的上头很可能还有一位老板。你所做的任何事情：取得的成绩、获得的提拔等等，都能反映出你的导师的能力。所以，你要努力让自己的导师的形象变得更高大，那么他肯定会继续帮助你。如果你让他失望，也就失去了一个强有力的支持者。

虽然你可以从经验丰富的老员工身上学到很多东西，但是信息的流向并不是单向的。你要教会上一辈人使用社交媒体与技术平台的方法（比如脸书、领英，以及推特、微信等）。一般在二十分钟之内，你就能让他们摸到门道。在这个过程中，你要着重强调这些科技有利于工作与事业的发展。美国有线电视新闻网行政总监艾登·庞特说："比方说，你的老板在社交媒体与科技产品方面不如你熟悉，你可以抓住机会让他知道你拥有这方面的能力，同时教他如何使用。"了解自身的价值、能力以及擅长的技能是非常重要的。你需要寻找能够帮助别人满足他们需求的机会，别人就会将你视为具有价值的资源。正是这样一种态度与技能让你有机会得到提拔。

如我们之前谈论的，老一代人通常会将更换工作看成某种消极或不忠诚的行为；但在今天的职场，大多数成功人士都是在不同公司有着多样工作经验的人。

一般来说，年轻一代更具有创造性与进取精神。你可能不太看重公司的行政架构，更看重的是可以做一些全新有趣的工作。记住：创业并不一定意味着去建立一家全新的企业。即便你是在公司上班，也是有很多创造与进取的空间。

最后，我要说，因为老员工将工作放在首位（即便他们不是将事业看成唯一，但在平衡工作、家庭、朋友与社区生活等方面都需要帮助）。所以，你偶尔可以与一些老员工下班后去喝几杯。你能从他们跟你讲的故事中获益，他们也能从你对新媒体的解说中得到收获。

测验：当……，你知道自己能够适应上司某些固有的思维模式

- 你在经理办公室的时间多于你在工位上的时间。
- 你最近为其他部门的某位高管出主意，而不是为你的老板服务。
- 午饭时，你想象着自己有天当上了首席执行官。
- 你戴着耳机，听着炫酷的音乐，希望没有人过来打扰你。
- 你借口在家工作，却放了自己一天假。
- 你希望经理能够表扬你。
- 你上班时偷偷做私活。
- 你开始考虑创业，因为觉得现在这公司“不适合自己”。
- 你在想自己没获得提拔的原因。

了解不同年龄层的需求，更好地获得关注

与前辈建立关系对事业前进有着极大的帮助，而建立关系最好的方法就是了解他们。这些人往往掌握着加薪以及提拔下属的权力。这一切都取决于我所说的职场心理。

有太多的年轻员工不愿意花时间去了解不同年龄层的人所持的不同思想，所以他们往往因为选择了错误的沟通方式而栽了跟斗。如果你想要在职场取得成功，那么当你在工作中与不同层级的人产生冲突时，就要注意彼此之间的差异，有目的地去化解难题。

当你对老一代人的工作方式有所了解之后，就可以迎合他们的需求，与他们建立起强大的关系。了解公司的目标与找寻自己为公司增值的途径，这些都是需要你去努力做的。同时，你还要将自己的期望设定在一个合理的区间范围。比方说，无论别人怎么跟你吹嘘，这个世界上都不可能有梦幻般的工作，每一份工作都会有你喜欢与不喜欢的方面。在你不断前进的过程中，还需要学会更好地去承担责任。千万不要在刚入职场的时候就想着能获得高薪。你必须要靠自己踏实的努力，一步步去实现这些目标。在获得提拔这个问题上，道理也是如此。

第八章
打造人际网络的关键法则
PROMOTE
YOURSELF

打造人际网络的真正“货币”不是贪婪，而是慷慨大度。

——基思·法拉奇，《别独自用餐》作者

在房地产领域，大家都说成功的关键是“地段，地段，地段”；在职场的世界里，则是“关系，关系，关系”。你认识什么人以及这些人对你的看法在很大程度上影响着你的未来。这意味着你必须要以全新的眼光去看待职场关系。无论你拥有多么强大的软技能，单纯与部门内的员工进行交流是远远不够的。你需要有策略地与能够帮助你取得成功的人建立关系。

建立人际关系是最简单的一种自我推广，因为这是基于共享的价值观、兴趣与目标去建立的关系。

在很多时候，建立人际关系只需要我们去与之前没见过的人会面，交流我们的价值观。在开始阶段，最重要的是要有慷慨大度的精神：你给予的越多，愿意与你建立关系的人就会越多。要是你帮助别人实现他们的目标，他们通常也会帮助你实现目标。如果与你建立起人际关系的人现在没有处在一个能够帮你的位置上，千万不要对此感到担心。现在的人经常变换工作，你永远不知道他们什么时候会给予你什么样的帮助。在工作方面，人际关系的建立通常是通过项目来完成的。从事不同的项目——特别是参与跨部门的重要项目——自然能够拓展你的人际网络。但是，你千万不要满足于此。你同样要在工作之外建立人际关系网络。你的人际关系网络越广，你受到的关注就越多，就有更多机会去认识更多人。你认识的人会将更多的人引荐给你，你的人际网络就会有组织地得到拓展。这将为你敞开更多的机会大门，让你获得超乎想象的关注度。

建立关系五法则

建立工作关系的方式与约会的方式其实是差不多的。如果你想与人成功建立关系，那么下面前四条法则是必须要遵守的。

1. 找准目标。你在脸书上可能有两千名粉丝，在领英、微信上有数百名联系人，在推特上有三百名粉丝。在这么多人当中，有多少人能推动你的事业发展呢？你需要寻找你想要与之建立关系的人。至少，你要与这些人有着某些共同点，有共享的兴趣，并且他们在工作表现上有值得你学习的地方。

请思考职场的“80/20”法则。一家公司 80% 的利润都是从他们 20% 的顾客那里赚取的。类似的情况也存在于建立关系上。并不是每个你认识的人都会给你的事业带来帮助。在你认识的人当中，肯定会有一些你不是很喜欢或是没有共同点的人。显然，你在与每个人建立关系时不会耗费同样多的时间与精力。你需要专注于那些有共同语言、聊得来的人。

2. **要有互助精神**。你要确保一点，认识你的人至少也能从你们这段关系中得到与你差不多的好处。如果他们得到的比你索取的东西少，就会有一种被欺骗的感觉，日后不会愿意向你提供帮助。当你创造了双赢的结果，这样的关系才能持久。

3. **学会给予**。建立人际关系的难点就是去接触别人——你要怀着真诚的心去帮助别人，不要想着别人是否给予回报。当你这样做的时候，受你恩惠的人自然会想办法帮你。这是很多在网络上有号召力的人常用的一种策略。他们在索取一些东西之前，总是免费提供很多内容与资源。几年前，我联系上了《纽约时报》的一名记者。在电话里，她原本觉得我会恳求她将我写过的一段文字引用到报道里。在很多人看来，不少记者都已经习惯了将别人写的文章当成免费的，引用一大段然后署自己的名字发表，但我没有提出让她帮忙宣传的请求，而是询问我该以怎样的方式给予她帮助。她对这种表态感到非常惊讶。现在，我们建立了良好的合作关系，她也非常乐意帮我的忙。

4. **保持真诚的态度**。如果你不是发自内心地想说某些话，那就不要说出口。一时的小聪明，最终会毁掉你们之间的关系。

5. **注重持续联系**。建立人际关系是一回事，维系这样的关系则是另一回事。我经常收到高中时期的同学发给我的邮件或是在领英上给我发来的邀请，我已经有十五年没有跟他们联系过了。有时，你需要打个电话问候一下别人，重新联系起来。保持关系的紧密度，意味着你需要利用老板的“开门政策”，经常过去拜访，问候一下别人，每个月至少与同事出去吃顿午餐，或是至少发一封邮件、打一个电话、发一条短信。你的目标就是要将与这些人的关系拉近一些。与同事或是前同事保持紧密关系的另一种方法，就是请求他们在领英上给你做一些赞赏的评价。但是，只有当你进入了一个全新的职位之后才能这样做。如果你还在某个职位上工作，却要求别人对你进行赞赏的评价，那么他们会认为你准备要离职了。所以，除非你百分之百确定可以这样做，否则提前泄露信息是毫无必要的。

职场的朋友

一般来说，你不会将自己的朋友视为导师，但职场上的朋友却能够给你的事业带来极大的帮助——这种帮助可能超乎你的想象。除了你们相互之间可以彼此帮助之外，另一个好处就是，你与朋友都可以更坦率一些，这是导师制形成的关系所不能比拟的。按照盖勒普的一项调查结果，在职场有好朋友的员工，在工作效率方面是没有朋友、孤身奋战的员工的七倍。

在职场里保持与他人的友情还有另外一个原因：这个世界正变得越来越小——不少专家表示，随着社交网络的不断壮大，你与地球上任何一个人其实只隔着四层关系网。最后，无论你在现实中的朋友还是网络上的朋友，都实实在在地影响到了你的工作。所以，正如这章引述的那段话的精髓所言：做人要友善点。

建立人际关系网的建议

这听起来很简单——嘿，你只需要到外面去与人见面而已——我发现，与人建立关系并不是完全靠本能的。所以，我希望下面给予的一些建议，能够让有时看上去复杂的任务变得简单一些。

- **认真聆听**。这说起来实在太简单了，但这也是最重要的一步。

- **要对别人抱有真正的兴趣**。无论任何时候，只要你想与他人建立良好的关系，都可以提出这样的问题：你现在从事什么工作？你在哪里上的大学？你在这里待了多久？你是怎么进入这个行业的？当你与别人见面的时候，一定要发挥记忆力的功能（如有必要，可以记录下来）。这包括：对方的名字（你可能会惊讶地发现有太多人忘了别人的名字）、公司职位、工作地点、他所从事的工作、一些个人情况。你还需要记住经理的生日以及他孩子的名字，到时记得给他们发送祝福的信件，证明你始终关心着他。

- **人际关系网络并不止于工作层面上**。对大多数人来说，建立人际关系最容易的时候往往是人们最放松、卸下心理防备的时候：休闲的聚会、偶遇以及非正式的会面等。ESPN 制片助理娜塔莉·诺曼表示，与人建立关系的机会无处不在。她说："从健身房到咖啡厅，我每天都在拓展自己的人际关系网络，因为你永远不知道遇到的哪些人会给你的事业带来帮助。我在与人打交道的时候，只是简单地问候和交流，之后才有机会去了解别人。你看见别人的次数越多，对他们的了解就会越多，这就是人际关系形成的方式。"

- **要积极主动**。如果你等待着你感兴趣的（或是能够给你带来潜在帮助的）人走到你面前自我介绍，你会错过很多机会。安永会计师事务所担保部部长艾莉森·库宾斯基说："我们都知道构建人际网络对事业发展是非常重要的，虽然很多资深管理人员看上去很难接近，但他们毕竟也是人，也希望帮助年轻一代的员工成长。最重要的是，你必须要提出自己的问题。”

- **首先专注于目前的人际关系网**。从事营销的绝大多数人都会告诉你，从现有的客户中开发新业务，要比开发新客户容易许多。同样道理也适用于构建人际关系网络：加强与深化现有的人际关系网络，要比你从零开始与人建立全新的关系更容易。

- **利用现有的关系网进一步向外拓展**。你需要在社交网络上添加一些新的联系人，但也要分清平台，在领英上添加联系人是相对安全的，但在脸书上添加朋友或是关注某些人的推特时，你则要认真思考一番。

- **利用共同的兴趣与场景去展开对话**。当你与别人有着共同的话题——无论是曾在相同的部门工作，或是上过同一所大学，甚至是在同一间餐馆吃过饭，关注了同一支运动队——这都会让你们很容易相谈甚欢，从而建立起联系。

- **不要成为势利小人**。当然，要是你能与所有高层人员进行交流，这肯定是好事，不过你不一定有这样的机会。TJX 公司企业分析经理丹·盖顿对我说："你永远不知道谁认识谁。你所认识的某位初级管理人员或是分析员，可能认识某位能够给你带来帮助的高层。特别是在大公司里，认识管理人员显得特别重要，他们非常了解你想要认识的人。"

- **成为联系的纽带**。如果你没能力帮助别人，但你认识其他能够给予帮助的人，你就应该进行引荐。如果他们最终能从这些合作中获益，那你就扮演了一回英雄的角色。

建立人际网络不该做的事情

几年来，经常有人就职场的一些事情咨询我。我听到过数百个出于好心去与人交往，最终却没有收获好结果的故事。下面是我的客户经过惨痛教训之后总结出来的宝贵经验。

首先，不要带着卑鄙的目的。如果你展现出不诚实与不友好的姿态，别人会对你避之不及。不要一味地索取而不给予回报。不要让人际交往变成类似于商业交易的模式（如果你这样对我，下次我也这样对你）。请不要向房间内的每个人派发你的工作名片，因为你没有足够的时间去一一交流。所以，你要专注于一两个你想要了解的人。

一旦你开始与别人进行交往，千万记住不要贸然触及一些深层次的问题。这意味着你绝不能背后说老板的不是，或是传播办公室的八卦。在当下这个时代，世界变得越来越小，你说的别人的一些坏话，可能立马就会传入当事人的耳朵。还有一点很重要，就是只有当你与别人建立了真正的友情之后，才可以与他们谈论自己的秘密。否则，透露太多的个人信息会让人感到无所适从。

最后，你一定要记住将手机放在口袋里。与人交谈时绝不要发信息与检查邮件。除非有重大的事情等着你决定，否则绝不能接电话。

与对手打交道的方式

很少有人想过与那些毫不利人、专门利己的人打交道的方式。这些人只想着自身的提升，根本没顾及某些行为给团队造成的伤害。我们希望你不会遇到这样的人，但我们还是要对这些人有所提防，做到万无一失。

千万不要受到报复心理的诱惑。如果可能的话，你可以询问其他人问题到底出在哪里，你是否做了一些冒犯别人的事情。是的话，要及时向人道歉。如果问题还没有解决，你可以转换心态，尝试其他更稳妥的方案。

从某种程度上来说，忽视负面消息对你来说同样重要。你需要更多的朋友与支持者站在自己这一边。专注于事情的阴暗面，只会让自己陷入困境中难以自拔。

通过工作项目与公司其他人建立联系

我们之前已经谈到过，从事工作项目是建立你与团队成员关系的很好的方法。因为完成一个项目通常需要不止一个团队，所以这也是你认识新同事、学习新技能与收获团队之外其他人关注的机会。你要时刻留意工作项目的机会——特别是跨部门的项目。比方说，运营部门与营销部门、人力资源部门与会计部门合作的项目等等。

你可以通过公司内部的社交网络与局域网去寻找这些项目。理想情况下，你肯定希望在得到高层的强力支持下去参与某个项目，因为这可以给你带来最大的关注度。不过如果你是入职没多久的新员工，这可能并不现实。所以，你需要时刻留意其他员工没有能力去做或是曾失败了的项目。

当你在完成工作职责之后，准备去从事其他项目的时候，一定要保证得到经理的同意。如果你连最本职的工作都没做好，他是不会支持你去参加其他项目的。

在平常的工作中，你要成为一个具有团队合作精神的人，当你帮助其他人实现目标让他们脸上有光时，他们很有可能会邀请你参加更重要的项目。与你一起工作的人进行交流总是很轻松的。所以，你参与的项目越多，你的社交圈子就会越广。

积极参加办公室之外的活动

你还记得过去朝九晚五的传统工作方式吗？如果你还有记忆，请好好地享受这段回忆，因为现在已经没有了所谓的朝九晚五的工作了。是的，你可能一天要在办公室里待上八九个小时，但你的个人生活与工作界限已经消失了，这意味着单纯在工作上有所表现已经不够了。如果你想推动事业的发展，就要充分利用办公室之外的时间。

个人生活与工作的界限变得模糊带来的弊端是，你时时刻刻都处在别人的监控范围内，基本上无所隐藏。所以，你必须时刻注意自己的形象以及别人对你的看法。要是你说了一句讽刺老板的话，出去跟朋友喝了几杯，在星巴克粗鲁地骂了店员几句，或是与同事的分手事件闹得沸沸扬扬，这些都会给你带来消极的影响。好的一方面在于，你现在有了很多打造个人形象、拓展个人圈子以及同有助你事业发展的人建立关系的机会。

记住，并不是你在工作之外参与的每一项活动都必须要有意义。有时，你可以通过这些活动与和你在工作上没有什么交集的人形成良好的关系。工作之外的活动，能弥合工作与个人生活之间的鸿沟。比方说，参加公司组建的足球队或是与其他部门的同事一起为无家可归的人提供食品，这些活动可以让你看到人性的另一面——同时也能发掘你们的共同点。

很多年轻人对慈善事业很感兴趣。那对你而言，什么才是最重要的呢？是经济和教育议题？贫富差距？还是动物权利？无论你对哪方面的议题感兴趣，参与这些活动都是可以帮助你前进的。换言之，去做一些对世界产生积极影响的事情，会让你变得更优秀。

为什么要这样做？

- **这会让你的心智更成熟，接触到更多元的文化。**这并不是一件坏事。
- **这会让你更快乐。**谁不想更快乐一点呢？
- **这有助于你打造个人的社交网络。**参加工作之外的一些活动，可以让你认识更多的人。美国电话电报公司全球策略与商业发展总监亚隆·麦克丹尼尔就说：“我参加了循环基金组织，该组织旨在为社会上的创业者提供帮助，扶持他们取得成功。我还投入了两年时间去参与提升教育系统与业务拓展方面的工作。之后，我负责教育营销策略团队，之前的工作经验与建立的关系给了我极大的帮助。”

- **这能增强别人对你工作的关注度。**好事达保险公司区域营销协调经理卡莉·赫斯特对我说："找工作期间，我在全球员工福利网络当志愿者。现在，我是该组织的监督委员会成员。我在该组织的兼职给我的工作带来了很多便利，能让我更好地完成自己的工作。同时，通过与业内其他资深的专家建立人际关系，我拥有了更多的资本。"最近，美国有线新闻电视网《金钱》栏目做的调查研究就证实了卡莉的说法。这项研究表明，帮助其他人参加社会活动与努力和同事成为朋友的人，得到提拔的概率要高出40%。

- **当你想更换工作的时候，这可以帮到你**（或是在你失业的时候，可以立即帮你找到一份工作）。肖恩·邓恩，麻省理工学院史隆管理学院学生活动、校友关系部门的助理总监，正遭遇类似的状况。他说："我曾在教育发展与支持委员会下属的执行委员会兼职——这是一个专门支持与推广教育募款与销售关系的专业组织。在会议的三天时间里，我花了大量时间去认识其他自愿参加的委员会成员——毕竟，校友关系与筹款都是属于'关系业务'，所以，这样做也是非常正常的。六个月后，一个之前与我一起在执行委员会上任职的女性让我担任她的职位，而她成了史隆管理学院学生活动、销售关系与年度捐献部门的总监。她让我加入她的团队，我最终答应了。就这样，在没有得到正式通知书的情况下，她就给我提供了这个职位。"

- **这有助于培养你的全新技能，更好地完成工作。**我的一位朋友参加了即兴喜剧表演小组。他说，站在台上，面对着数百名观众进行表演，让他能够更好地保持冷静的态度，训练随机应变的能力。作为一家公司的地区营销部门经理，他在与客户处理关系的时候经常需要这样的能力。

可口可乐公司全球专家团队副总裁苏珊·甘巴德利亚跟我讲了这样一个故事："我手下一位年轻员工会利用假期时间到一所戒备森严的监狱做志愿者，为犯人提供日后出狱发展事业与商业计划等方面的建议。这位年轻员工在与许多重刑犯人的交流过程中锻炼了心理素质，不再对任何客户感到恐惧，并在处理棘手的谈判问题时得心应手。"

- **这能让你用不同的方式思考问题。**我经常发现自己在度假时会产生最好的工作想法，因为此时我内心已经尽可能地远离了工作本身。我敢肯定你们也会有过类似的体验。让大脑暂时远离工作，处于一种放松的状态，可以让你在重新投入工作时更好地进步。

- **这可以让你通过其他方式发挥工作上的优势。**在高朋团购网就职的一位年轻编辑瑞秋·汉德勒对我说："有时，我自愿参加 826CHI 组织，帮助本地的孩子提升他们的写作技能。与孩子们一起玩耍，向他们解释写作的原则，这让我用全新的眼光看待文字。之后，我觉得自己在写作上更具创造力了，写出来的文章也更优美。"

- **这可以让你感觉焕然一新。**在工作之外做一些有意义的事情，这种自信的感觉能帮你更好地工作。

找寻工作之外的活动

最好的员工（我这里说的"最好"，是指最有可能得到提拔与上升的员工）利用下班时间的方式是很讲究策略的。让我们谈论一下该怎样做才最有效果。

在工作之外寻找这样的活动，最简单的做法就是参与公司或是行业相关的一些专业性活动。包括参加培训课程，与志趣相投的人进行交流，这是建立人际社交网络的很好的方法。你在参加一些会议的时候，同样可以这样做。演说之后以及会议休息间隙是非常宝贵的，必须要好好利用。参加这些会议的每个人都与你在某些方面有着共同点，所以这是你拓展交际圈子的一个极好的场所。你可以考虑参加与自己所在行业相关的协会组织。我与很多经理与高管交流过，他们会注意到那些对自己行业展现出兴趣的员工。埃德曼数字公司招聘部门副总监崔维斯·凯赛尔就说："参加与我们的工作有着直接联系的专业小组，这是员工们增加知识与技能、获得工作优势的好方法。"

你还可以利用自己的时间去参加与工作相关的其他活动。比方说，创建一个行业公众号，或是为其他公众号写一写客座文章，抑或成为行业论坛的积极分子。你还可以为行业杂志撰文，寻求公众演说的机会。一旦你熟悉了这些活动，就可以申请在行业会议上发表演说，或是自己举办分享会。只要你在工作之外所做的事情有助于你的工作，就能帮助你提升自己在公司内部的关注度与自品牌。

另外，参加一些慈善活动——比如成为流浪少年的管教者，帮助在福利院生活的孩子，自愿到当地的流浪动物乐园做事等。如果你只是单纯参加活动的话，可能会存在一个缺点：你所做的这些工作可能都没有人知道，这意味着你要在办公室里稍微提一下。与同事在周末外出吃午饭的时候，你可以随意聊一聊，但要对此持小心谨慎的态度。很重要的一点是，无论你做什么事情，都应该怀着真诚的心去做。如果别人（特别是你的经理）知道你去做慈善事业只是为了打造名声，最终会损害你的个人品牌。有句名言说得好："所谓的正直，就是在没人监视你的时候，你依然按自己的标准做正确的事。"

寻找正确的活动时遇到麻烦？

有时，寻找正确的活动是有难度的。你可以首先询问自己的经理，看看还有哪些机会，最好应该参加什么组织，等等。在寻找的过程中，一定要记住找内部有你熟悉的人的组织——跟自己认识的人一起工作，总是容易很多。你还可以通过加入领英平台上的一些小组或是行业论坛去进行了解。在你上网的时候，记得进行这方面的搜索。

- 想找协会组织的，可以上 job-hunt.org/associations.shtml。
- 想找慈善组织的，可以试试 foundationcenter.org/findfunders。
- 想找从事志愿者的机会，可以上 volunteermatch.org。
- 想找寻会议机构的，可以上 meetup.com，你能在上边搜索到任何你能想象到的会议类型。另一个很好的网站是 eventbrite.com，你可以搜索会议举办的情况——无论是当地的、区域的还是国家性的会议都有详细的介绍。

步枪比霰弹枪更有威力

据 job-hunt.org 网站的调查，十人中有七人至少都加入过同一个组织。这是一个不错的比例。但是，有 25% 的受访者表示自己参加了四个或是四个以上的组织，这就会出现问题。一般来说，我们最好将一两件事做到完美，不要想着面面俱到。

> 人们需要看到你全身心地投入到某件事情上。如果你同时去做三十件事，是绝不可能做好的。

如何使外部活动给事业带来的好处最大化

当你加入一个协会或是参加慈善组织的时候，可以将这些事情写入你的领英个人资料。如果你发表了一次演说，可以将其录制下来，发布到个人网站、社交媒体页面或是微信公众号上。如果你写了一篇特别有洞察力、转发极高的网文，同样可以这样做。如有可能，请求给你发表演说机会的人、听众或是阅读你文章的人为你写一些评论。这些做法可以展现出你受到同行的尊重，也能增强你的关注度与个人信誉，有助于拓展你的交际圈子，为公司带来更多价值。

为人生拓展人际网络

在建立人际关系这个问题上，必须要做到未雨绸缪。如果你真的等到需要帮忙的时候才去做，这可能要耗费你数周或是数月的时间。你在建立人际网络的时候，其实就是在建立一个能帮助你更快前进的团队。记住，这一切最重要的是双赢思维。当你为别人增值的时候，别人也会为你增值，但你索取的东西绝不能多于你所给予的。不要将建立人际关系视为让人讨厌的工作，或是某种权宜之计。建立人际关系网络是为了你的生活。永远不要停止这样的工作。无论是在核心团队、其他部门、网络会议、旅行途中或是在线的社交媒体上，你都不能停止建立人际网络的工作。你在拓展人脉的时候要有一定的选择性，不能浪费别人的时间，要清楚你的能力与人脉网络能给别人带来怎样的帮助，别人自然会给你一些回报，在你的事业上拉你一把。

不能因为说你的工作时间结束了，就意味着停止学习与发展自己，不再与人建立全新的联系。还有很多职场之外的机会是你应该牢牢抓住的，从而增强你的自品牌。不要想着一次参加太多的活动，因为这会让你疲惫不堪，无法全身心地投入到每项具体工作中去。

你建立的人际圈子就是你的净资产，也是你最宝贵的事业财富。这甚至要比你掌握的知识、工作头衔甚至薪水都更重要。你可以整天自我吹嘘，但是别人赞美你的话语所带来的效应是无法估量的。在你拓展事业的过程中，应该努力拓展自己的人际网络。拥有强大的人际网络可以让你在不在场的情况下获得晋升的机会。当关于你的负面消息传播出去的时候，他们会力挺你，在那些可以为你提供机会的人面前赞美你。在很多情况下，他们甚至能够亲自为你提供机会。

第九章

拥有激情会让你更成功

PROMOTE
YOURSELF

知之者不如好之者，好之者不如乐之者。

——孔子《论语·雍也》

企业始终都在想办法招揽优秀的人才，同时努力降低人力成本。越来越多有远见的老板开始想办法，如何在销售蛋糕的同时吃上一口。他们找到的方法就是：内部招聘。下面，我给你们举几个例子。

诺贝丽斯是世界最大的扎铝制造商，业务分布在全球 11 个国家，员工人数达到 11600。这家公司之前依赖外部招聘去填补内部的人才需求。在过去两年里，该公司有 41% 的全新招聘都是面向内部展开的，节约了超过两百万美金的招聘成本。博思艾伦汉密尔顿控股公司的内部招聘体系称之为“内部优先”，该公司在 2011 年的招聘中，有 30% 的职位都是由内部的员工所填补——这比 2010 年增加了 10%。该公司在 2012 年从内部招聘了超过一万名员工，越来越多的公司正逐渐将招聘重心从外部转向内部。这主要出于下面四点原因：

• **成本更低廉**。差旅成本、重新安置成本、培训成本都相应下降了。按照萨拉托加发布的人力资本报告，内部招聘一位员工的成本大约是 8676 美元，外部招聘的成本是 15008 美元，将近前者的一倍。

• **更加快捷**。一般来说，员工真正适应一个职位可能需要六周到六个月不等的时间（有时甚至更长）。进行内部招聘，员工上手的时间通常只需要几周。

• **工作效果更好**。对公司内部员工来说，在一个全新的职位上取得成功是相对容易的，因为他们已经在公司内部建立起了人际关系，了解工作流程与方式。按照人力资源执行网站（hronline.com）的统计，在外部招聘的员工里，工作效果不理想的比例占到 40% 至 60%，而内部招聘比例只有 25% 左右。

• **更有助于提升员工的士气**。美国伟达公关公司的外事联络主管艾莉森 · 科恩说："内部提拔能鼓励员工们的工作热情，让他们看到自己在公司的未来，因此这可以说是留住人才的一种工具。"思科公司也发现，公司自执行了内部提拔计划之后，员工对工作的满意度提升了 20%。

这对你意味着什么呢？很多人都从事着他们并不喜欢的工作，只是因为跳槽风险，不敢做出改变。于是，他们每天都做着不喜欢的工作，觉得日子非常难熬。真正的生活不应该是这样的——这也绝对不是他们想要过的生活。

如果每天早上醒来，不为自己即将从事的工作感到兴奋，是永远都无法有所成就的，也无法拥有成功的人生。请认真思考这句话。因为，你花在工作上的时间可能要比做其他事情的时间多得多。如果你能从工作中收获快乐，那你做任何事都会感到快乐。

问题的关键就在于，你要将激情注入工作中去。当你发自内心地喜欢从事的工作，工作就变成了一种乐趣。这样的激情会成为指引你前进的灯塔，吸引着你的经理以及同事关注的目光。如果在你的公司里，每个人都从事着他们喜欢的工作，工作的成果自然就会显现出来。发自内心的激情是无法掩盖的——人们可以从你的双眼里看到这种激情。你散发出的这种积极的能量会感染身边的人，让他们受到鼓舞，希望与你合作。经理们肯定会将充满激情的员工视为日后能够成功的人，同时认为这些员工应该身处他们能够取得成功的工作职位上。

但是，你需要一些策略才能使之变成现实，这也正是本章要谈到的内容。

如何采取行动？请检查一下清单

在我们深入阐述之前，花一点时间去了解这个问题：采取行动（a）符合你的利益（b），是否存在这种可能？首先，我希望你们能够回答下面几个问题：

- 哪些事情能激发我的激情？这是研究你利用自由时间的另一种方法。如果你发现自己每天喜欢阅读某个行业的研讨文章，这可能给你一个很重要的提示。
- 现在的工作能够完全发挥我的才华吗？
- 我最喜欢现在这份工作的哪些部分，最讨厌哪些部分？
- 我该怎样做才能让目前这份工作变得更有趣（如果可能的话，你要在更换工作前，探寻这些选项）？
- 我想从事的工作哪些方面最吸引我？

- 我想从事的新工作是否有我讨厌的部分？
- 公司发展最快的是哪些方面？最需要哪方面的人才？
- 我已经瞄准了一个新职位，但我真的对这个职位充满激情吗？
- 我已经瞄准了一个新职位，但我还缺乏这方面的能力。我还需要掌握哪些能力呢？我该怎样去学习它们？我需要抓紧上培训课，从而超过正在从事那份工作的人吗？
- 我真的坦诚地评估了公司内部提供的各种机会了吗？

很多人不敢去找寻让他们充满激情的工作，担心自己的要求遭到拒绝。我对此有两个回答：首先，经理其实愿意让员工进行平级调动，这能让员工展现不同的工作能力。

其次，如果你想给自己一个享受工作的机会，除了主动出击，你别无选择。

努力将“激情项目”变成全职工作

有时，你的激情是在工作之外的其他事情——可能是你的一个爱好或是某项你喜欢做的事情，但你没有因此获得报酬。在一些情况下，你可能对公司眼下正在进行的一些项目充满激情。我要给你们两个不同的例子，看看如何在不跳槽的前提下，将你的激情项目变成全职工作。第一个例子是我个人的故事。

2006 年 10 月 4 日——当时我还在 EMC 公司上班——我创建了自己的第一个博客，取名为“直奔辉煌”。这个博客旨在为大学生提供事业规划上的指引。这是我分享自己在招聘过程以及其他人身上学到经验的一个平台。当时，我遇到的问题是，根本没人在我的博客下评论，也没几个人愿意回复。2007 年 3 月 14 日，我的整个世界彻底改变。在这一天，我阅读了汤姆·皮特斯的一篇著名的文章《自品牌》。这篇文章让我醍醐灌顶，我意识到应该在自品牌方面成为代言人，因为这也是我一直以来希望做的。那天晚上，结束了在 EMC 公司的培训课程之后，我立马冲回家，创建了我的博客：PersonalBrandingBlog.com，之后就没有在这条道路上停下脚步。

后来，《快公司》杂志介绍了我过去半年来的自品牌推广工作。杂志出版后，谷歌公司邀请我去进行演说（出版传播的影响力是多么巨大啊！）。

在那个时候，EMC 公司根本不知道我在工作之外所做的一切，我也觉得他们没必要知道，因为这只是我自己的一个爱好而已，但是公司公共关系部门的同事看到了那篇文章，并将它转发给公司的副总裁。这位副总裁当时正准备创建一个团队，专门管理公司的社交媒体项目。第二天早上，我收到了他的邮件，然后我们进行了会谈。他知道了我在工作之外所做的事情，了解了我对社交媒体与自品牌的工作充满了激情。我非常兴奋地阐述了社交媒体与品牌打造对公司的积极影响。几次会面之后，我创建了财富五百强企业 EMC 的第一个社交媒体职位，根本没有递交职位申请表。他们之所以直接找到我，是因为看到我对这份工作充满激情，并能为公司带来好处。这就是我从事喜欢的工作，并且赚到钱的案例。

接下来这个例子，可以让你们了解到经理们的观点。这是 Hubspot 首席执行官布莱恩·哈里根跟我分享的一个故事。他说："皮特·卡普塔是一位刚加入公司销售部的年轻员工。我们每个月都会给他两百个需要跟进的客户，但他总对此不闻不问。最后，我们发现皮特的目标是想为 Hubspot 创建一个转销渠道。所以，他并没有亲自去将客户招引过来，而是与合作伙伴签订合同，让对方去做。一开始，他的这个想法受到很多合作伙伴的抵触，但我们最终看到了良好的销售结果，于是将他从直销部门‘解雇’了，让他负责转销业务。现在，皮特的团队有四十个人，他们的业绩占到我们公司新收入的 40%。”

如果你想从我与皮特的故事中有所体悟，我的希望是：始终牢记让自己充满激情的工作，如果别人对你不了解，也没有看到你展现出来的激情，他们怎么会支持你呢？这样做不仅对你有好处，对你的公司也有好处。你会投入更多的工作时间，做出更好的成绩，成为一位全身心投入的优秀员工。

该如何做到呢？

每个人遇到的情况都是独特的，所以我无法给出一系列行动步骤，保证你一定能实现目标。有时，你想从事的新职位可能只需要平级调动就可以，这意味着你不需要在公司的内部部门更换职位头衔。这样做可以让你掌握一些对自身事业发展以及对公司有用的全新的知识与技能。

在小公司里进行平级调动，要比大公司来得容易一些。虽然你可能会遭遇很多不确定因素，但下面的这些指引可以帮助你加快进程。

1. 寻找可利用的资源。你这样做的时候要很小心——你肯定不想在自己尚未下决心行动之前，就让别人提前知道你的想法。寻找这种机会的好方法，就是利用公司内部的社交网络，浏览职位公告板上的信息。如果你还需要更多的信息，可以向同事打听，但是你要问得有技巧一些。

2. 确保你对想从事的职位有所了解。你可以与正在从事你心仪工作的人交谈。与他们建立起良好的关系，以便在更换职位时更好地了解那份工作的详细要求。你想要加入的那个部门存在着哪些问题？它会给你提供哪些机会？你该怎样发挥自己的长处，从而帮助它去解决这些问题呢？你与新部门的经理合得来吗？你能与新同事融洽相处吗？新职位会比现在的职位更好地发挥你的才华与技能吗？要是在没有想清楚这些问题之前就更换职位，最终的结果可能是一团糟。

3. 为自己打造名声。我们在之前的几个章节里已经谈到了这个问题，但这里很有必要再提一下。向别人证明你是一位解决问题的高价值员工，这点非常重要。这意味着你需要处在一个能够充分发挥自身才能的职位上。你是否看到了行业内其他人看不到的趋势呢？如果是这样，那么你可以创建一个自媒体平台，努力将自己打造成为这方面的专家。

如何平衡激情项目与当下的工作

有时，平级调动就像在表格上填写选项那么简单。比如谷歌这样的公司，允许员工将一部分工作时间投入到工作范围之外的其他项目上，但这些项目必须有助于公司的发展。在这段时间里，你可以去从事自己有激情的项目。在日常工作之外，你可以参加课程提升自己的技能，与你希望交往的人进行联系。

如果幸运的话，你可以利用周末或是下班后的时间去做这些额外的工作。不管你的日程有什么安排，目标都是一致的：给你未来的经理留下深刻的印象，让他把你所做的额外工作变成一份全职工作。记住，要平衡你的激情项目与当下的工作，最重要的就是首先将手头的工作做好。

争取老板的支持

我们上面已经提到，如果你想在公司内部成功地转到一个让你充满激情的全新职位上，争取到老板的支持是非常重要的。至少，他能帮你打开这扇机会的大门。要是你不事先告诉他，这会让他觉得你不够忠诚，可能会影响你目前的这份工作。根据我们的调查，73% 的受访经理表示，他们愿意或是非常愿意帮助员工进行平级调动。奇怪的是，只有不到 48% 的受访员工表示，他们真的对采取这样的举动感兴趣。

那么，该怎样让老板站在你这边呢？首先，你要让他知道你的兴趣所在——如果你始终掩藏着自己的想法，他是绝不可能会支持你的。这样做最好的时机就是在业绩评估会期间或是之后（我假设你的工作得到了很多好评）。

在你接触老板之前，一定要做好调查。如果你能向老板展示你对某个部门特别感兴趣，了解这些部门的需求，知道这个部门的空缺职位与职位要求，以及你在这个职位上发挥的技能给公司带来的好处，那么老板很难会选择不支持你。

所以，你要用正面的眼光去看待事情。如果你与经理谈论自己喜欢工作中的种种以及你发展自身能力的方式，会更容易赢得他的支持。

通用电气公司评估与金融资深分析师莱恩·贝尼维德斯跟我讲了一个他获得现在这份梦幻般工作的故事——其中一个原因就是他得到了老板的支持。莱恩在通用电气公司工作了十年，认为自己应该进入保险与投资分析部门。他的经理也对此表示支持，但那个部门处于停止招聘状态，所以根本没有职位空缺。当然，他对此感到非常沮丧，但他知道停止招聘的状态不会持续很久。于是，他给自己心仪部门的经理打电话："因为人力资源部门的影响，你们还存在哪些重要的工作无法顺利完成呢？"经过一周的调查，他对所有反馈进行了梳理，写了一份计划——表明自己的心意，表示有能力辅助自己心仪部门的工作。

接下来，他与经理会面，向他递交了这份计划。接着他跟我讲了下面发生的事："这次会面，我向他确定了一点，我有能力将现在的工作做好。此外我也有能力去帮助那个部门解决资源方面存在的问题。我的经理对此非常支持。这次会议之后，他按照公司的流程，帮助这份计划获得通过。最后，我得到了一个为期四周的资源分享项目，我每天努力地做好现有的工作，同时帮助我想去的部门解决重要的问题。参与这个项目三周之后，我在那个部门得到了一个正式的工作职位——它正是我所擅长的。我明白了一点，有时你需要用力地推，机会这扇大门才会解锁，向你敞开。"

莱恩按照自己的兴趣、激情与擅长的技能，成功地为自己创造出一个全新的职位。他看到了机会，努力争取自己经理的支持，临时转换自己的工作角色。你们也可以这样做。

激情是工作的最大动力

我一再强调，在职场里，专注于自己的优势与追随自己的激情有多重要。如果你缺乏激情，就会敷衍地对待工作，缺乏成就感。一旦你找到真正感兴趣的工作，要尽全力去争取。

在你正式做出改变之前，要确信一点，你即将就任的职位能够真正释放你的激情与能力。你要开始在本职工作之外去做一些额外的工作，增强自己的受关注度。在此过程中，你的本职工作是排在首位的。

记住：推动事业发展并不一定就代表着职位提升或是获得加薪。有时，平级调动可以让你在另一个职位上掌握所需要的技能，更好地了解公司运转的情况，帮助你建立全新的人际网络。当你长时间从事一份工作，完全掌握了这份工作之后——可能会得出一个结论，眼下的这个职位并不能最好地发挥你的能力与激情，如果你发现某个职位比现在这个职位更适合你，或是某个项目让你感到无比兴奋，就该努力去争取。

第十章

如何在工作中创建自品牌

PROMOTE
YOURSELF

要是不给内部创业者提供机会，勇于打破陈规进行创新，维珍绝不可能变成一家拥有两百多家分公司的大企业。

——理查德·布兰森

过去几年，我注意到商界出现了两个全新的趋势。第一，很多大企业不再通过收购新兴公司去掌握技术，而是通过对新兴公司进行投资，换取部分股权。第二，很多大公司意识到他们必须不断创新才能保持竞争力。这些公司正努力从员工身上寻找全新的思想，为员工提出的项目给予资金支持。在本章里，我将向你们讲述如何利用这两个趋势，努力成为公司的内部创业者。

我们在之前章节所谈到的内容——从硬技能到软技能，再到建立人际关系网络——这些都是你在工作中建立稳固基础的重要组成部分。而成为一名内部创业者代表你可能化身真正的变革者。事实上，你会尽全力寻找更好的工作方法，提升自品牌，而不是整天想着如何获得提拔。当别人将你视为一名具有前瞻性思想的人，知道你愿意为公司取得成功去努力，并愿意以全新的方式去实现这些目标时，你就能更快地超越同事。你不需要等到某位经理退休或是得到提拔，从而取代他的位置，而应该思考为什么不在公司内部创造一个符合自己需求的职位。当你成为企业内部的创业者时，就变成公司最具价值的财富，每个人都想与你合作。此时，谁也无法限制你的事业到底会上升到什么程度。

当然，这样做并不是那么容易的。我认为，真正的风险其实在于不敢在工作中冒任何风险。承担风险的弊端是，你可能会承受巨大的压力，最终无法忍受。但是，相比于不敢做任何尝试的员工而言，优秀的经理肯定会尊重那些努力尝试但最终失败的人。承担风险的好处就是，如果你能超越自己的工作范围成功地做好其他事情，必然会获得其他人的关注。他们会表达与你合作的意愿（他们很有可能都想为你工作，这就是创业的开始）。

内部创业越来越重要

虽然“内部创业”这个词并不十分火爆，但“创业精神”是很久之前就已经出现了的。我们要举的第一个例子就是洛克希德马丁公司始于 1943 年的“臭鼬工厂”项目。该项目因为研发了许多革命性的产品而闻名于世，其中包括 U–2 侦察机、SR71 黑鸟战机与 F–22 猛禽战机。这个项目是由凯利·约翰逊负责的。根据洛克希德公司的档案，“凯利之所以能让该项目如此高效地运转，就在于他采取了打破常规的组织架构，改变了之前阻碍创新与进步的官僚制度”。

数十年后的今天，洛克希德公司依然还有“臭鼬工厂”项目，数以百计的公司也发起了类似的项目。这些公司的负责人都知道，如果想在竞争激烈的商界里生存与取得成功，就必须要有创业家的思维。他们发现，内部创业项目可以吸引更多的优秀人才，为公司带来竞争优势。正如戴尔公司常驻创业者英格丽德·范德维尔德对我说的：“很多公司都在承受着前所未有的压力，所以他们必须要进行技术革新。他们知道创业者身上的能量，这些人能够利用有限的资源去创造伟大的成就。”

很多公司举办了内部创业竞赛，设立了常驻创业者项目。按照管理咨询师吉福德·潘绍的说法，现在有超过 30% 的大企业都提供“种子基金”，为内部创业者提供援助。下面我举几个例子。

• 在谷歌公司，员工可以利用 20% 的工作时间去从事他们感兴趣的项目，他们有一半的原创产品都是员工们在这些项目中研发出来的，这其中包括 Gmail（一款直观、高效、实用的电子邮件应用）、Google News（谷歌新闻）与 AdSense（一种获取收入的快速简便的方法，适合于各种规模的网站发布商）。

• 脸书也有一个名为“Hackahon”的非传统内部创业者项目，通过鼓励研发团队在软件项目上进行合作，从而推动产品创新。其中著名的“点赞”按键就是该项目的研发结果。

• PWC（一家大型咨询公司）有一个内部竞争计划，该计划向构想出最佳服务理念的团队提供十万美元的奖励，从而鼓励创新。该项目的获胜者创造了一个全新的分析中心与基于云计算的发明。该公司估计，在全球三万名员工当中，大约有 60% 的员工都参与了这个项目。

• 在梦工厂电影公司，包括首席创意官与首席执行官等高管都愿意聆听每个员工对电影制作的新想法。

- 戴尔公司常驻创业者项目会与内部创业者会面，提供相应的帮助与指引。该公司还支持了得克萨斯州大学的科学与技术商业化学位项目，帮助内部创业者出去创建自己的公司。戴尔公司的创新者信用基金会为员工提供部分奖学金。

创业者对失败的恐惧是很正常的，千万不要觉得这只是你一个人的想法。你可能担心自己缺乏足够的管理能力，或是认为失败后就会遭到解雇。当然，你可能会遭遇年龄歧视：因为你还年轻，很多人会下意识地认为你缺乏经验。你要做的就是通过努力工作、不断坚持以及发挥创造性思维，证明他们的看法是错的。所有的创业者都知道被人拒绝是怎样一种感受，但他们会努力去证明给别人看。当你克服前进道路上的重重障碍，最终取得成功，内心会充满成就感。

内部创业适合你吗？

内部创业并不适合每个人。但是，如果你认为下面有一半以上的内容都代表自己真实的想法，就要认真考虑一下。

1. 你对公司某些不够完善的工作或流程充满激情。
2. 你能看到别人看不到的机会。
3. 你具有创造性思维。
4. 你愿意承担风险。
5. 你擅长人际交往，能够与不同部门建立友好的关系。

6. 你是天生的销售员。

7. 你擅长团队协作。

8. 你具有政治敏感度，了解公司运转的流程。

我的一位朋友，安永会计师事务所资深咨询师肯·皮卡德，对上面这些论述都持赞同态度。无论是过去还是现在，肯对社交媒体都有着独特的理解（1. 激情）。在肯进入公司的第二年，咨询部门的一位资深经理问他是否对参加其内部竞争团队感兴趣（4. 愿意承担风险）。这场竞赛的目标就是让员工为安永会计师事务所的客户想出全新的服务方式。一场头脑风暴之后，肯向团队成员——其中大部分都是比他资深的员工——建议要探索运用社交媒体的方式。他说："作为一家企业，我们怎样才能解决运用全新科技带来的风险呢？（2. 看到机会；3. 创造性思维）"在第一次会议上，肯说服了他的团队成员相信："风险是真实存在的，公司必须要加大技术方面的投入，而安永事务所还没有公布这个解决问题的方案（6. 天生的销售员）。"肯的团队通过了几轮初试，最终进入了决赛。

为了保证他们团队产品的竞争力，肯联系了一个正在从事研发工作与提供类似服务的瑞士团队，寻求合作（7. 擅长团队合作）。与此同时，肯与进入决赛的另一位竞争对手达成合作，因为此人拥有肯所缺乏的社交媒体技能（5. 人际交往与建立关系）。肯还邀请我吃了一顿午餐，向我询问了很多如何利用社交媒体推广自品牌的问题。

最后，肯的团队打赢了这次创新比赛。肯对我说："因为我的经验以及对社交媒体的了解，经常会有人向我请教，我被人视为自媒体意见领袖。"

学习成为一名内部创业者

成为一名内部创业者，这并不是很多员工一开始所想的。为了实现这个目标，你需要制订一个计划。

首先，你要成为目前这份工作的专家。其次，如果你想跳出这份工作去参与其他项目，就需要做出成绩给别人看。你要有一定的工作年限，从而了解自己的工作职责，将掌握的技能传授给别人。你需要证明自己的价值，展示出能够承担的责任，以赢得老板的信任，让他支持你的想法。千万不要操之过急，在你尚未准备好之前，宁可多花一点时间也不能贸然行动。

激情、坚持与承诺，这些都是将想法变成现实的关键。戴尔公司的英格丽德·范德维尔德对我说："每一位追求卓越的员工都应该认真对待工作，将工作做到更好，为公司做出更多的贡献。像创业者那样去思考，可以让你运用创造性思维，以最低的成本去解决一些潜在的问题。"

在这个过程中——或是你的整个职场生涯——想着如何发挥自身的优势帮助公司取得成功，这是非常重要的。你的公司在哪些方面做得非常好呢？在哪些方面做得还不够呢？怎样做才能有所提高？你的优势能够帮助公司实现目标吗？当你对这些问题有所考虑后，才能更好地向经理阐述你的理念。

此外，你的项目必须要符合公司的目标与价值观。可口可乐公司全球广告策略与创意副总监乔纳森·米尔登霍尔跟我讲了一个年轻人的有趣故事。这个年轻人为可口可乐公司工作，他希望与妻子创建一家牛仔裤公司——这个想法当然与一家生产饮料类型产品的公司没什么关系。乔纳森说："我们知道他拥有这方面的能力，他也想这样做。我们给他提供所需的资本支持，因为他是这个公司的一分子。与此同时我们也从中获益，因为他与很多我们可以进行合作的时尚界人士会过面。"

梦工厂公司人力资源主管丹·萨特思韦特跟我讲了一个类似的故事，一位员工想到了一种将社交媒体网络整合起来的独特方法。他说："我们正投入数百万美元研发一些与电影实际制作没有关联的项目，以便开发一套全新的商业模式，将讲故事与高速画图等核心技术镶入其中。这对我们来说是一个巨大的进步，因为这么酷的一个想法并不是源于公司某位最具创意的高管，而是出自制作电影的技术人员。"

这两个项目看上去都非常不错，但如果背后没有得到老板的支持，它们都无法落地。你可以从赢得经理的支持开始。想办法坐下来与他面谈，聊一聊你所看到的潜在机会。他在公司工作的时间比你长，知道让项目取得成功的正确方法，这其中就包括如何组建团队以及让决策者给予支持。你需要向他描述这个机会给公司带来的好处，以及执行时所需的资源（人力资源、物质资源及财力支持）。一旦经理坚定地站在你这边，你可以让他帮你与高管或是主要决策者牵线，争取项目得到他们的支持。

记住，这是你的项目，你肯定希望得到最多的关注，但不要凡事亲力亲为，因为这会给人一种你难以合作、不懂放权、将所有功劳都揽在自己身上的印象。相反，你要将更多的人才聚拢在身边，利用他们身上的你所不具备的能力，助你实现愿景。

无论对内部创业者还是创业家来说，乐观主义与自信都是极为重要的品质。但是，如果你事先没有做好后备计划，乐观主义与自信就很容易变成天真幼稚。人生是很难预测的，过分自信往往会让你吃尽苦头。很多因素都超出了你的掌控范围，比如公司的经营状况、管理层的变化等。所以，你要有一个后备计划。

你同时还要制订一个应急计划，因为你明天可能莫名其妙就遭到解雇了，或是被团队成员出卖了。因此，商业上没有任何事情是可以被保证绝对会成功的——绝大多数的好想法最后都以失败告终。

敢于承担风险是取得事业成功的基础。不敢冒风险的人必定会停滞不前。事实上，在工作上不敢冒任何风险对你事业造成的负面影响，甚至要比失败本身更加严重。记住，即便你提出的计划没有得到公司的资金支持，你还是能因此获益。美国家庭人寿保险公司市场销售经理马特·麦克唐纳参与了一项公司赞助的手机APP竞赛。在五百多个参赛团队里，马特所在的团队杀入前八强。他对我说："我们有机会在位于乔治亚州哥伦布的公司总部向公司高层展示我们的创新理念。这真是一场非常有意义的经历——虽然我们最后没有赢得比赛。"

大力宣传才能赢得支持

为了让你的项目取得成功，你需要一个定位明确的计划，并寻求必要的资源。你的计划应该包括大致的想法，所需的资源名单以及项目成本、营销模式，并指出随着项目的推进带来的收入增长，列举出具体的行动步骤。

不要提前泄露自己的计划。如果经验比你丰富的人知道了你的计划，那就非常危险。你同时还需要就推进项目给公司带来的收益与机会成本进行精确的评估，知道自己的团队还需要哪些人，每个人扮演什么角色。

一旦你定下计划，接下来就是努力争取他人的支持，选择启动计划的好时候。首先，你需要正式与经理谈论这个计划，然后根据项目所需的情况，与潜在的团队进行沟通。当同事得知经理是持支持态度时，他们会对你说的内容特别留心。

当事情不如计划那样发展

谁都不想失败，但每个人迟早都会遭遇失败（如果你还从没遭遇失败，说明你还没冒足够的风险）。当计划出现问题时，该怎样做呢?

首先，不要指责别人。在你指责他人之前，需要客观地看待事情。问题到底出在哪里？为了解决问题，你还需要去做什么事情？需要什么样的资源（人力资源、物质资源以及资本支持）才能让这个项目取得成功?

你要做的就是改变自己对失败的态度。不要感到沮丧，不要埋怨任何给予你反馈的人，因为我们都能成为更优秀的员工。为了更好地推广自己，你必须要有学生的心态，不断寻找提升的空间。没有人会说自己已经太完美了、无须从错误中吸取教训。

成为内部创业者会给你带来影响力

内部创业是未来的趋势，也是公司保持竞争力、创造性以及吸引年轻员工的重要途径。作为内部创业者，你同样需要创造出全新的东西——让你对公司的业绩产生一种可量化的影响（想象一下，你的简历上写着“在某公司创建了某部门，一年之内帮公司实现了20%的利润增长”与“被提拔为资深营销专家”之间的区别）。内部创业会让你显得与众不同。你的名声将迅速得到传播，大家都知道你是谁，你会被视为具有领导才能的人。

职场在不断变化，如果你不敢冒险，就永远都无法得到想要的奖赏（重要的提拔、加薪等）。内部创业是一次非常好的学习机会，可以帮你挖掘潜在的能量，得到贵人的赏识。成为内部创业者的机会到处都是，但你需要运用智慧，牢牢地将其抓住。

第十一章

待在公司还是离职创业？

PROMOTE YOURSELF

你的事业总会充满动荡，不要认为它总是扶摇直上。

——兰尼·门多萨，麦肯锡公司公共实践部门主管

以前，想在事业上有所成就的人会去寻找一份新工作。在当今时代，他们要找寻的却是机会。这有什么差别呢？高潜质员工不再狭隘地满足于只拥有与工作相关的技能，而希望自己能够应对不同的挑战。他们不再按照企业内部提拔的线性制度去规划事业，而是从整个公司层面去找寻下一个挑战。也就是说，他们要找寻下一份能够增强自品牌的工作或是项目。CareerBuilder 网站（北美最大的招聘网站运营商）所做的一份报告显示，接近 70% 的员工都在日常工作中找寻机会，这是人们对职场的一种全新的思维方式。你的父母或是祖父母可能一辈子都在一家公司工作，但在今天的职场，想要取得成功，唯一的方法就是通过不断变革，获得全新的事业与经验。

因此，本章的内容将回答我经常听到年轻人提出的疑问：“如果我的工作陷入困境，该怎么办？”我会告诉你应该在什么时候——以

怎样的方式——去实现前进。如果你发现当前所处的状况与你的长期事业规划存在着不协调的地方，增强你收获关注度与取得前进的最好办法，就是前往另一家能更好地发挥自身才华、打造自品牌的公司，换一位新老板。事业停滞不前的感觉非常可怕，如果你想摆脱这种困境，就要重新掌控自己的生活，不要坐等别人拉你一把。从你开始工作的第一天，就要开始思考自己的未来。

第二，考虑你的所有选项。无论你做出怎样的决定（或是你最后处在怎样的位置），都要始终保持积极的态度，利用好每个机会。如果事情不如预期，千万不要气馁，你永远不知道自己会在何时突然成功。

寻找做出改变的最佳时机

当你从事某份工作时间过长，就该认真评估所处的境况。按照你的年度表现，能否得到加薪或提拔？你有没有跟经理谈论事业机会？我的经验是，在更换职位之前，最好等上一年。绝大多数人都会花至少半年时间去熟悉工作，再花半年时间去证明自己的工作能力。

《花花公子》杂志的高级执行副总裁兼首席营收官马修·诺德比对我说："你有责任与义务去追求自己的事业，并将其最大化。这意味着你可能要冒一定的风险，进行内部创业或是利用自己的能力去帮助公司沿着不同的方向前进。与此同时，我对那些在一家公司里待得太久的员工感到担忧。如果你五年内不能在公司做出业绩，并且将技能商业化，帮助你的公司不断发展，说明你并没有核心竞争力。"如果你在工作中感受不到任何挑战，就无法继续提高与发展。如果你希望得到提拔，就必须不断地挑战自己，这是你积累经验与拓展人脉的最佳方式。

当我与百事可乐公司高级执行副总裁兼人力资源总裁交流时，她说：“年轻人离开公司的一个原因，就是觉得自己的事业前进的速度不够快，或是觉得公司没有为他们提供所需的平台。而确保公司管理层了解你与你的事业目标，这是非常重要的。”

另一个离职的原因可能是，你再也无法享受（或是从未享受）工作带来的乐趣，希望从事一些能够释放自身激情的工作。这听上去似乎没什么，但这个实实在在的问题影响着很多人。Carnival Cruise Lines 公司社交媒体经理埃里克·斯切特对我说：“当你觉得自己的工作就像一份工作的时候，是时候做出改变了。人生太短，每天都活在痛苦当中，无法从事充满激情的工作养活自己，这真的很糟糕。”

如何有策略地提出请求

即便你知道老板会支持你换部门的决定，在与他面谈前，还得做好充分的准备。有两件事是你的老板需要知道的：

第一，哪个具体职位出现空缺以及你想去什么部门。你可以花点时间浏览公司的网站，查看职位公告板。第二，谁将取代你之前的工作职位。如果你换部门，目前的工作可能就没人做了。因此，走之前还需要寻找一位能够替代你的人，让你之前的团队可以正常运转。

记住上面两点，你就能让经理的工作变得更轻松一些。反过来这也能增强你与经理的关系，让他有更多支持你的理由。

升职加薪该如何谈判？

在事业的某个阶段，绝大多数人都会觉得自己在工作中取得的成绩与得到的薪水不对等。你感觉自己的薪水还没新入职的同事高，或是你觉得老板没有注意到你在过去项目中的出色表现。无论出于什么原因，一旦你决定有必要与老板交流，就绝不能怯场。首先你要明白自己的目标是什么。如果你希望加薪，那幅度是多少？如果你想承担更多的工作，具体是什么呢？如果你希望获得更好的头衔，级别是什么呢？

绝大多数员工都担心这样的交谈，所以他们很容易选择以短信或邮件的方式跟经理沟通。千万不要这样做，当面交流是非常重要的。想与老板愉悦地沟通，事先要想得周全点。你可以从以下几个方面进行准备：

- **收集充分的证据，证明你对公司的价值超过公司当前给你支付的薪水。**
- **知道自己所具有的价值。**了解公司内和同行与你有相似工作经验的员工的薪酬水平，在表述的时候要委婉一点。直接询问别人的薪酬，可能会被误解。
- **了解经理对你的依赖程度。**你越是不可或缺，情况就对你越有利。
- **知道你的最低与最高要求。**能让你满足的最低程度是多少？你想要得到最好的结果是什么？
- **谈话时专注于你的工作表现、个人价值与成就。**你想买一辆新车或是休长假去旅行，这些理由都是站不住脚的。

- **选择最佳的时机**。在最佳的情形下，你只需与老板交谈十几分钟，以不耽误他的工作进程为宜。

如果在与老板交谈之后，你发现依然无法在公司获得自己想要的，那就是考虑其他机会的时候了。否则你会缺乏成就感，内心也会充满怨恨，对工作持消极的态度。决定辞掉目前的工作，需要你深思熟虑，但这也是关键的一步。如果你希望继续保持强大的个人名声，推动事业的发展，就要主动出击。

我该留还是该走呢？

并不是每份工作都像招聘宣传（或是你希望）的那样，所以在你从事一份工作半年后，我建议你通过下面几个问题迅速审视自己：

- 我的自品牌与公司的品牌一致吗？
- 我对公司的发展方向与实现目标的方式感到满意吗？
- 公司给的薪酬与我预期的有出入吗？
- 我能够适应同事、老板与企业文化吗？
- 我对公司的衣着要求、职场灵活度，以及上下级之间的相处等方面满意吗？

在进行一番简单的自我审视之后，如果你决定还是离职更好，就该立即进行新职位的搜寻。

找寻下一个机会

在布拉德·皮特与爱德华·诺顿主演的电影《搏击俱乐部》里，该俱乐部的第一条规则就是“不准谈论俱乐部”。当你开始找寻新机会时，同样要遵循这样的法则。如果老板知道你在找下家，你的工作肯定会受到严重影响。

所以，在你搜寻工作初期，要尽可能保持低调。首先，你要准备自己最新的简历，显示出现有的能力与经验。你可以在领英社交媒体平台、猎头网站或是公司的内部职位公告板上进行“消极搜索”。所谓“消极搜索”，是指了解各种招聘信息，但不要将个人信息上传到网络，不让别人知道你正在找新工作，不能将自己的简历到处投递。否则，当你发现自己的信息在网络上被披露时会感到恐惧。

然后，你可以利用社交媒体去联系所在行业的人或是想要进入行业的 HR，但一定要低调。如果你还没有建立好这样的人际关系，现在就该着手开始。谈到人际关系，千万不要忘记猎头公司与招聘单位的人事。这些人通常都有强大的人际圈子，对你想要进入的行业有着更深的了解——哪些公司缺人，哪些职位出现空缺，公司愿意支付多少薪水等。如果之前某个招聘单位给你发来的邮件被你忽略了，现在你就要重新联系起来。不要担心提出很多问题，不要担心提到自己要离职的想法。猎头公司之所以能够生存下来，就是因为他们能够保守客户的秘密。

这里要注意一点：当你准备进行面试的时候，要根据现在的工作时间去协调。你最不想碰到的情况是，老板看到你与竞争对手的人事在吃午饭。绝大多数招聘人员都知道，如果他们面试一位目前在职的员工，就需要对这一信息保密。

怎样离职才能提升自品牌？

我认识的很多人都觉得离职必然要与公司撕破脸皮，当然不必如此。据我的调查，有 44% 的经理与 42% 的年轻员工表示，如果员工找到“更好的工作机会”，离职的行为是很合理的。

光明正大地离开公司（你还可以得到前同事的很多赞美与支持，这对你下一份工作以及未来都是有帮助的）。万宝盛华公司的人力资源副总监艾伦・麦克金森说：“离开之前不事先通知，或是办理离职手续后不打招呼就前往竞争对手的公司，这是斩断后路的‘好办法’。如果某人因为个人或是事业方面的原因离职，那么他最好告诉相关的一些人。我们也很愿意对这些员工给予帮助。”

重要的建议是：在你真正得到新公司的确认或是签合同之前，绝不要突然停止手头的工作。要是你在前景尚不明朗的情况下贸然离职，最后有可能两手空空。

在你真正需要宣布的时候将实情说出来。你并不是唯一拥有人际网络的人——你永远也不知道什么时候会遇到曾经的同事。

你要坦诚地说出自己的计划，同时要利用人际关系网帮助即将替代你职位的人，这会让你在领英社交媒体平台上得到更多来自同事与上司的赞赏。

你该考取 MBA 吗？

据我们的调查，有 43% 的经理表示拥有更高的学历对事业发展是有好处的，但不是必要条件；只有 10% 的经理表示更高的学历是必需的。有趣的是，超过 60% 的年轻员工表示，拥有更高的学历对他们非常有帮助，但也只有 22% 的员工表示这是必需的。这再次展现了想法与现实之间的差距。美国家庭人寿保险公司的马特 · 麦克唐纳跟我说，年轻员工充分发挥自身优势，勤奋地工作，这才是最重要的。他说："读 MBA 可能会为你多敞开几扇机会的大门，但努力工作同样可以让你拓展人脉圈子，打造个人名声。在我看来，理论很重要，实际工作经验更重要。"

当你做出关乎个人前途的决定时，数据与他人的故事不会有太大的帮助，在此问题上无所谓对错。在某些特殊行业（比如会计事务所和大咨询公司），获得 MBA 学位或是其他高学位可能是必需的。

一切都要根据你的实际情况做选择。从长远来看，考取 MBA 可能并不如你想象中那么有用。《财富》一百强的企业里，64% 的首席执行官都没有这个学位，这其中就包括比尔 · 盖茨、沃伦 · 巴菲特、拉里 · 艾莉森、杰夫 · 贝索斯、理查德 · 布兰森，甚至连历届的美国总统都没有（乔治 · 布什总统除外）。

无论你想朝哪个方向发展，首先可以询问经理或是人力资源部门的同事，公司是否愿意支付你报考这些学位的费用。很多老板愿意付钱或是通过学费偿还项目给你一些补贴。同时，你要认真考虑面对的各种选项。考夫曼基金会估计，美国有超过两千所学院与大学都会提供奖学金，帮助学生参与创业项目。

报考的好处是：这是你对自己的一个承诺，因为这会耗费很多金钱与时间。根据你所处的情况，付出这么大的成本就要得到回报，获得一个更好的职位，以及更高的年薪。坏处是：并不是每个人都适合报考MBA，你可以在世界上任何一个地方参加网络课程。如果你觉得未来要自己创业，参加有针对性的培训可能更有用。

跳槽要讲究策略

我并不太赞成频繁跳槽（我对跳槽的定义是，每隔半年至一年就换份工作）。当然，这只是一个观念问题。要是你的简历上写着一连串工作时间很短的经历，会给人一种不踏实的印象。鉴于现在招聘与培训新员工的成本，可能很多公司都不会将金钱投入到一个不会待很久且尚未给公司带来投资回报的人身上。

牛角（Bullhorn）招聘软件公司对一千五百名招聘经理与人员进行了一项调查，有39%的受访者表示“应聘者重新找工作的最大障碍就是他们过往有频繁跳槽的经历”。

唐纳德·特鲁姆普在一次采访中对我说：“我希望寻找那些长时间从事某份工作的人。要是遇到了在一年内换了七份工作的员工，我根本不会对他们感兴趣，因为我知道他们同样有可能很快就从我的公司闪人。”马里奥特国际有限公司首席营运官利亚姆·布朗也有着类似的看法。他对我说：“在我们招人时，一般不会太在意员工之前的跳槽情况，除非他们每隔六个月就换次工作。当然，这一切取决于面试时交流的情况。”如果你觉得所处的位置无法发挥自己的能力，除了跳槽也没别的选择了，至少你能够在面试中阐述自己的理由。

附加说明一点，无论别人怎么说，你始终要对全新的机会持开放的态度。如果觉得这符合自己的想法，就该努力抓住这些机会。

万众创业时代已然到来

在第十一章里，我们已经谈论了内部创业——如何在公司内部从事让你充满激情的工作。在这个部分，我想要谈论一下创业家精神——辞掉你的工作，在没有公司内部的支持下，为自己的事业去奋斗。

创业已然成为一种时尚——80后被人们称为历史上最具创业精神的世代。据雇主保险公司进行的一项调查，有46%的80后员工表示会在未来五年内创业。90后也纷纷跳上了创业的这架“马车”。很多年轻人在还上大学的时候就开始创业，毕业的时候已经成为一名全职企业家。

现在很多公司都已经注意到了这个现象。我的公司最近做了一项调查，发现将近三分之一的老板在招聘大学毕业生时都特别注重他们过去的创业经历。

创立自己的公司听上去很了不起，但是你会面临许多挑战。这意味着并不是每个人都适合自己创业（上面给出的数据可能让人印象深刻，但有46%到67%的员工都没有成为创业者）。

大家经常能听到“创投、风投、互联网思维”这样的热词，觉得可以无须任何准备就能加入创业大军，事实上绝大多数人会以失败告终。所以，为了不让头脑一时发热，辞掉目前的工作，我希望大家能花点时间去思考其中的利弊。

利：作为老板，可以自由支配时间。

弊：可能每天要工作十二个小时，而且全年无休。要不断地推广自己的产品，竭力争取更多的业务，工作与私人生活之间的界限会变得模糊。

利：如果成功，能获得比之前在公司上班时更多的关注度。

弊：如果失败，个人与企业名声都会遭受损害。

利：可以分享更多的利润。

弊：高风险高挑战，可能会遭遇资金短缺的状况，要支付各种税费与员工薪水，需要承担所有损失。

利：有机会全面了解公司的运作流程。

弊：需要去做自己之前不敢尝试的事。

假设你思考完这些利弊后，依然决定自立门户，那么在你正式行动之前，请深吸一口气，想想如何利用目前工作的便利，在离职前更好地掌握所需的知识。正如人生导师珍妮·布莱克那样，辞掉了谷歌公司的工作，创立自己的培训事业。她对我说："我真的非常喜欢在谷歌工作。在过去的五年，我每一天都在努力学习与掌握全新的技能。谷歌是一家快节奏的公司，相比较而言，我现在运营自己的公司反而相对轻松一些。"珍·奥尔特加辞掉了高盛投资公司的工作，创办了自己的在线地板公司，她觉得："在高盛时，我很早就学会了如何与人沟通，表达自己的观点，知道如何以良好的礼节去与客人打交道，知道如何去做打动客户的PPT，严格管控自己的时间，为利益相关者设定期望，同时还与来自全球的客户打交道，管理庞大的项目，与不同个性的人进行合作。"如果你在创业之前就掌握了这么多技能，其实已经在竞争中占据先机了。

在你创业之前，可以利用公众号与社交媒体这些平台去进行市场测验，这是非常好的方法。在收到反馈之后，你可以研究目标市场给予的反馈，然后根据客户的需求，重新调整规划，打造你的公司。当我将目前这份工作当成编外项目时，就曾多次照此施行——要是我之前未做过这样的市场测验，创业绝不可能像现在这么成功。

除非你们真的做了充分的准备，否则我建议你们暂时不要辞掉工作，可以再等一段时间。杰里安娜·希思就吃了这方面的苦头。她辞掉在莱曼兄弟公司的工作后，在长达两年的时间里只能搬到父母家里住，之后才创建了公司 ConceptLink 。直到公司的经营情况有所好转时，她才有经济能力养活自己。所以，在准备创业的时候，拥有资本是极为重要的。你必须保证有家可归，能够支付得起基本的医保费用。

另一方面，你也不要等待太长时间。人生导师珍妮·布莱克说："我是在 2005 年创办个人网站的，2006 年才到谷歌公司上班，2007 年创建了个人博客'大学后的生活'。在过去四年的每个晚上与周末，我都将时间投入到了博客内容的维护与《大学后生活》这本书的创作上。随着我的博客与书籍得到越来越多的关注，我意识到自己再也没能力一心两用了，否则只会一无所成。"

最后，千万不要单打独斗。无论你掌握多少种能力，要是你事无巨细，绝不是创业的好办法。所以，寻找合适的商业伙伴是明智的选择。你可以参加所在城市的企业家会议，或是上网查看 TechCrunch Disrupt（美国知名科技媒体，专注于发布重大科技新闻）、Ignite（微软公司企业技术盛会）、Startup Weekend（一个网站，旨在全世界范围内通过活动举行来教育帮助创业者，支持社区建设，以及培养未来的领袖）、

Global Entrepreneur Week（全球创业周）、Tech Cocktail（一个分享技术资讯及资源的网站）、TEDx（美国的一家私有非营利机构，该机构以它组织的 TED 大会著称，这个会议的宗旨是“值得传播的创意”）、Summit at Sea（致力于推广商业思想，服务全球商业事务的公司组织），以及其他渠道的咨询。

无论你决定什么时候以怎样的方式去这样做，在辞掉工作之前都千万不要让老板知道你的创业举动或是辞职的意图。特别是你以后的工作可能会与现任老板的业务有竞争关系，就更应小心谨慎。不要利用老板的资源去补贴你的公司，包括不要在工作期间偷偷做私活，不要偷窃公司的合同与机密。

据我的经验，创业是非常具有挑战性的，但也是让人兴奋的。要记住一点，如果你确定这样做，要学会独立工作，投入十二分的精力。如果你觉得照顾家人、生活安稳更重要，认为自己缺乏领导能力，需要更多安全感，创业这条路可能不适合你。

到底是留还是走?

当你认为无法从工作中学习更多技能，产生辞职的念头时，最好思考一下：这份工作缺乏哪些你想要的东西？你是否已尽最大的努力？寻求提拔、平级调动还是离职，选择权都在你的手上。在你做出任何决定前，要确定一点，你要处在一个可以发挥自身优势、释放激情的工作职位上。如果能将个人能力、自品牌与职位完美结合，就再好不过了。

后　记

你的事业就在自己手中

现在，你知道了取得成功所需的技能，已经蠢蠢欲动，准备践行了。我们在本书谈论的每一个行动步骤，都将帮助你更好地推广你在职场的成就，取得事业的成功。首先，我们谈论了如何吸引他人的关注，得到认可与成为行业专家型人才所需的各种技能，这包括硬技能、软技能与网络技能。我们知道了软技能是管理层最看重的，你要努力成为一名专家而不是通才，你的自品牌能够成为你管控事业的重要工具。

接着，我们谈到了如何在无须自我吹嘘的前提下赢得他人的关注。你可以得到应得的奖赏，同时也要与团队分享你的成功。接着，我们分析了经理在决定提拔员工时所考虑的因素（这包括优化工作的能力，拥有积极的态度以及团队精神等）。

接下来，我们谈论了不同世代的工作方式以及如何处理彼此的关系。然后，我向你们展示了如何在职场内外建立人际网络，如何利用人际圈子去取得成功。同时，我们还探讨了两种推动事业的方法。第一种是让你所处的职位能够反映出你的激情与才能；第二种是通过成为企业的内部创业者，找寻解决问题的创造性方法——同时无须辞掉工作。最后，因为很多人都感觉工作处于停滞不前的状态，所以我们谈论了如何对各种选项进行取舍，决定是寻求内部提拔、平级调动还是离职。

无论你处于职场哪个阶段，本书都可以指引你，让你从同事中脱颖而出，创造一条充满激情、有影响力的事业道路。

单纯阅读与思考本书的内容，无法让你的事业更进一步。每天早上醒来，记得对自己说："去创造一些新东西吧！"

大学毕业的时候，我从未想过要怎样发展自己的人生事业。但如果你相信自己，敢于尝试新鲜事物，愿意走出"安全区"，就可能成就一番伟业，给所在的行业或世界产生极大的影响。

从今天开始，我希望你每天都做一件有助于自身进步的事。这意味着你需要一步步地掌握某项特殊的技能，当你将自己的想法付诸行动，就会从工作中感受到前所未有的成就感，也就能比同龄人更快地进步。除此之外，如果你认真学习，在职场里掌握的技能会让你的心智变得更加成熟，更具有创造力。从今天开始，你要学会控制自己，只有你才能改变自己的生活。你要主动出击，去打造最强有力的自品牌！

——丹·斯柯伯尔

关于作者

丹·斯柯伯尔，《纽约时报》“自品牌专家”，千禧世代品牌公司——一间研究Y世代与咨询方面公司——的管理合伙人，闻名世界的事业规划与职场方面的专家。他的畅销书《我2.0：打造你未来的四个步骤》已经被翻译成了十三种语言，列入了《纽约时报》夏季阅读榜单，成为求职者阅读的推荐书目。该书还进入了《华盛顿邮报》的夏季阅读榜单，是《纽约邮报》2009年职场类排名第一的畅销书。

丹是自品牌博客的创始人，该博客被《福布斯》杂志列为“职场加油站”。他是《时代》《福布斯》与《Metro US》杂志的专栏作家，同时还是《财富》《华尔街日报》《卫报》《环球邮报》以及其他报纸杂志的撰稿人。

丹在世界上数十家最著名的企业发表过演说，这包括谷歌、美国国际商用机器、时代华纳、花旗银行、麦格劳希尔与西门子等，经常受邀参加哈佛商学院、斯坦福大学、康奈尔大学以及麻省理工学院的毕业演说。

《福布斯》杂志在2012年将丹列入“30大名人”名单。《商业周刊》

将丹列入企业家最应关注的推特名人榜。丹现居马萨诸塞州波士顿市，2006 年毕业于本特利大学。

丹的在线联系方式

个人网址：DanSchawbel.com

脸书主页：Facebook.com/DanSchawbel

领英主页：LinkedIn.com/In/DanSchawbel

推特主页：Twitter.com/DanSchawbel